LOS ATAQUES DE CUBA

Las 12 agresiones permanentes de Cuba contra los Estados Unidos

"Mi sueño es dejar caer tres bombas nucleares sobre New York."
Raúl Castro

Ed II y Edward Prida III

VOLUMEN 2
COLECCION:INTELIGENCIA POLITICA

Parte del libro "La Sovietización de Cuba y sus Consecuencias" del autor
© Eduardo Ramon Prida

"Mi sueño es dejar caer tres bombas nucleares sobre New York"
Raúl Castro
© Eduardo Ramon Prida and Edward Prida III
Registration Number: TXu -1-713-911
West Palm Beach, Fl.

Agradecimiento:

A los enemigos, siempre sus conductas me empujan al enfrentamiento y me motivan profundamente, a quienes me alientan o me desalientan, por igual muchas gracias.

Pero a quien me ha llevado de la mano para que sea testigo cognoscente, con dolores, combates, torturas, si, muchas gracias por escogerme, no renuncio y solo espero hacerlo mejor.

A mi hijo Edward por ser quien es y estar donde debe. Amor Incondicional.

¡¡Eternas Gracias!!
      ¡AN ANASHA!

Dedicatoria;

Dedicado a los Americanos que han combatido por salvar a Cuba, primero mezclados con los Mambises luchando exitosamente contra la España colonial como el General Thomas Jordan, General en Jefe del Ejército Mambí y su grupo de Mando, quienes durante muchos años lucharon en los campos de Cuba, al Teniente Coronel Teddy Roosevelt, quien con espíritu humanitario promovió la necesidad de esta guerra y personalmente reclutó a los voluntarios para formar las tropas libertadoras conocidas como Rough Ryder y lucho al frente de ellos, ellos salvaron de la muerte en los campos de concentración a miles de cubanos y por ello pagaron un precio muy alto en vidas altruistas y valientes.

A la formación de militares altruistas que han dejado sus vidas en decenas de países sin afán de conquista, sin otro motivo que el Amor al prójimo.

A los institutos militares que han formado e instruido a mis hijos en las Fuerzas Armadas de Estados Unidos.

Ed & Ed Prida

Nota al lector:

¿Por qué escribir un libro con este desagradable título y amenazante contenido…?

Lo he escrito pensando que pudiera llenar un vacío, de lo que creemos que sabemos, pero realmente no sabemos. Quizás muchos lo saben, pero hacer énfasis podría ser beneficioso para salvar muchas vidas y muchos sacrificios.

Cuba fue borrada de la lista de los Países Terroristas por un Presidente alineado con las ideas marxistas y anti americano. El régimen impuesto en Cuba por la URSS/Rusia, no se esconde para seguir con sus agresiones.

Estas doce formas de agresión algunas son conocidos los resultados, pero no como, quien y por qué las han ejecutado. Rusia a través de Cuba algunas de estas agresiones son conocidas, otras absolutamente desconocidas y quizás inaceptables, pero las "vemos todos los días"

El libro es un comprimido, un extracto de muchas informaciones que debiéramos saber todos, para que el enemigo tenga menos espacio para estafarnos con su neo lenguaje y sus cambios de colores.

Lo objetivamente cierto, es que hoy el enemigo no solo ha avanzado en nuestro terreno y muchos especialistas consideramos que estamos mucho más cerca de un conflicto de escala mundial que antes, se calcula que la actividad enemiga hoy es un 600% mayor que en los años 50 y 60. Si aquello le llamaba la Guerra Fría, con que nombre bautizar esta que estamos viviendo. Esta es la Crio-Guerra, estamos anestesiados con oxígeno líquido y nos arrancan a pedazos lo que tenemos y no lo sentimos.

¿Por qué el título del libro?
La motivación de mentir, estafar, engañar, matar, destruir, aplastar, odiar y maldecir ha sido la actitud y la conducta típica de los hermanos Castro, consecuentes con la ideología marxista,

comunista, comunismo científico, socialista, globalista, liberal, progresista, la semántica ha cambiado según el momento les convenga, como la quiera Usted llamar, está correcto. En el caso de Fidel y Raúl Castro se han perpetuado en el poder junto a sus ideas y pronto vendrán sus hijos.

La Historia es como una linterna potente que sirve para rompe la obscuridad del futuro incierto, comprender el presente partiendo de la herencia del pasado es necesario para reevaluar los sucesos desfigurados.

La verdad de los hechos deslegitimiza al régimen y se descompone por sí solo, como hizo la perestroika y la glasnost con el régimen soviético.

Raúl Castro declaro a NBC en 1959, su intención era destruir a los Estados Unidos, su motivación reflejaba los planes de Nikita Khrushchev en que involucraron, desde 1953, cuando Víctor Pina y Raúl Castro se reunieron en el Kremlin para recibir las órdenes y objetivos del ataque al cuartel Moncada de Santiago de Cuba, y de que forma la URSS iba a participar.

Espero que compartir estas informaciones, les sea de buen provecho para todos. Con amor inconmensurable:

Ed

"Mi sueño es dejar caer tres bombas nucleares sobre la ciudad de New York..." 

Contenido

Capítulo 1

Cuba, Base Aeronaval rusa del Caribe

Para la Rusia actual, militarmente Cuba sigue siendo necesaria. Su posición en el Mar Caribe y justo al Sur de los Estados Unidos es el lugar ideal como punto de concentración de fuerzas para un ataque, punto de apoyo logístico para las patrullas navales y aéreas.

Cuba es una Base Aérea de Bombarderos y para Patrullas de Reconocimiento Naval e Inteligencia Electrónica, públicamente se conocen desde 1961. Tampoco es noticia fresca que los ataques cibernéticos rusos salen de Cuba contra Estados Unidos.

Los rusos cuentan con una flota aérea de bombarderos dentro de su territorio de solo 16 unidades con un alcance de 15,000 Km., realmente esto es insuficiente para el radio de acción y alcance necesario de ida y regreso y más bien lo considero una verdad a medias, vacío tal vez, cuando los rusos hablan de radio de acción y alcance, están refiriendo, hablando de la capacidad de auto transportar el avión, sin carga útil.

Estos datos táctico-técnicos y conceptos al estilo ruso, muy diferente al occidental, están manipulados históricamente en la Federación Internacional Aeronáutica para especular con los récord de la Aviación, que casi siempre son otorgados a los rusos, porque cuando ellos publican los récord de alcance o radio de acción es con la nave sin carga y con esta diferencia la FAA les otorga los récord, pero en la práctica es diferente.

Todos los análisis nos arrastran a considerar como objetivo y real el papel estratégico de Cuba en los planes de ataque que los soviéticos/rusos no han borrado de su mente para destruir a los Estados Unidos.

Sus armamentos no alcanzan ni para defender su vasto territorio producto de anexiones forzosas de los países vecinos desde el año 1917 hasta la fecha. Pero su filosofía militar esta basada en el principio de agredir es la mejor forma de defender, según el Mariscal Saburov.

Entonces podremos entender que la importancia de la cercanía de Cuba a los Estados Unidos juega un papel muy importante en el en la estrategia del empleo de los medios de combate, sea aviación, marina o cohetería contra los Estados Unidos.
Ellos han puesto en riesgo su seguridad que ellos saben precaria por mantener esta posta avanzada cerca de Estados Unidos, lo demostraron en la Crisis de los Misiles en Octubre de 1962 y lo demostraron una ano después cuando se embarcaron en el asesinato del Presidente JFK, que ellos sabían que estaba

Nikita, Castro, Aragones, Leonov en Moscu, Mayo de 1962 amenazando con golpear fuerte a los EU

dispuesto a una intervención militar el Primero de Diciembre de 1963 con la Operación AMWORLD, matar al presidente Kennedy era la única salida para mantener a Cuba bajo el imperio ruso

Cuba las bases de misiles que rápidamente pueden alcanzar el 100 % del territorio americano y posición privilegiada para la detección temprana de cualquier movimiento de misiles que salgan de la atmosfera terrestres para la defensa anti misiles de la Rusia Imperial...no es importante que este sistema bélico esté en manos de cubanos o de ruso, lo importante es que están en función de los intereses de Rusia, lo que también funciona para mantener de rehenes a los cubanos de la Isla dentro del sistema "castrista" que para mantenerlo se basan en la dependencia del ciudadano al estado de miserias y represión.

La belicosidad de Moscú proyectaba que están listos para un combate frontal utilizando a Cuba.

 Todo parecía fracasado para JFK, solo estaba recibiendo la herencia de otras administraciones y su falta de conocimientos sobre la URSS. Entre la herencia estaba una CIA penetrada por el enemigo, vinculada a los enemigos domésticos, conocidos por la mafia, con malignidad   la mezclan con la CIA, cuando en realidad fueron los enemigos infiltrados como el cubano americano Bernard Barker, Guillermo Montenegro, y parte del sistema de Contra Inteligencia.

Avanza el enemigo con el Programa Subversivo de la Escuela de Frankfort y vienen apagando toda la luz que proyecta McCarthy sobre los enemigos comunistas, en el Senados y el Congreso. El enfoque liberal prevaleciente después de la derrota en política doméstica de la lucha contra el comunismo y todos sus colaterales en el Senado que el Senador McCarthy con mucha claridad de quienes eran y que querían hacer los comunistas, sin embargo, la URSS venia ganando terreno en sus planes de guerra psicológica con la sorpresa de un satélite artificial en órbita, aun cuando Estados Unidos no podía competir en la carrera espacial.

El espionaje industrial y militar con la masiva infiltración de comunistas judíos en la actividad industrial, docente y científica había facilitado el éxito propagandístico de la URSS, justamente en

Abril 12 de 1961, otro golpe como el primer Sputnik, el cosmonauta Yuri Gagarin, el primer hombre en el espacio fue un soviético.

 Los argumentos sobre la superioridad del comunismo sobre el capitalismo era el tema del día, los liberales se sentían cómodos con la hoz y el martillo.

Hoy es fácil saber que los soviéticos no disponían de bombarderos estratégicos capaces de alcanzar el territorio americano porque nunca tuvieron el abastecimiento de combustible en el aire, ni mucho menos tropas aerotransportadas porque no tenían aviones de transporte, el Ilushen-12, "El Ucraniano" una copia muy simple del Hércules C-130, pero les resulto inoperante, los soviéticos no tenían medios para transportar combustibles por aire o mar, solo por ferrocarril; los intentos de hacer reabastecimiento en pleno vuelo ha sido muy imposible para los soviéticos, trataron durante años de utilizar las puntas de las alas como punto de conexión y la inestabilidad típica de los aviones soviéticos lo hizo imposible, accidentes tras accidente fueron las cosechas, la norma operativa es un avión cisterna por cada dos bombarderos, jamás ha sido posible para los soviéticos y rusos alcanzar dicho escalón.

El incremento del radio de acción no ha sido suficiente para alcanzar los blancos estratégicos dentro del continente americano y regresar, ellos no han alcanzado la metalurgia y la química necesaria para lograr ligereza, resistencia y flexibilidad de los materiales que conforman un avión de alto performance.

Según los cálculos objetivos de navegación esto no podría haber sido posible, ya que suponiendo que con rutas optimas de navegación y estado meteorológico, el retorno al área donde tomaran de nuevo combustible no es posible.

La navegación aérea para ellos era de radiofaro a radiofaro, sobre el continente, para vuelos interoceánicos, descansaba solo por la milenaria "navegación astronómica y sus sextantes", con más de 150 años de atraso. En Cuba se "robaron los sextantes" de emergencia de los Britannia 318 de Cubana de Aviación en 1960.

Los bombarderos estratégicos mencionados son Tu-160, bombarderos supersónicos estratégicos rusos de largo alcance, apodados "Cisnes Blancos". Se ha dicho que podrían repostar en Cuba durante los vuelos sobre el Caribe. También se ha planteado la posibilidad de restaurar las bases militares rusas permanentes en la isla.

El Tupolev Tu-160 es un bombardero supersónico capaz de llevar

12 misiles crucero de carga nuclear. Sin embargo, solo tienen en operación 16 unidades, que en la práctica en mantenimiento y entrenamiento resultan solo unos 9-10 unidades operacionales o quizás menos, lo que resulta ridícula la cantidad para el territorio que deben cubrir.

El uso de misiles balísticos o teleguiados lanzados desde los bombardero Tu-104 o TU-16 no tenían en aquella época la suficiente cantidad, ni mucho menos contaban con la tecnología electrónica de guiado de los misiles para alcanzar los objetivos propuestos, los misiles de largo alcance los llamados ICBM (Inter Continental Ballístic Missil), según las pruebas efectuadas no tenían precisión en el guiado y las detonaciones nucleares no llegaban a la potencia necesaria, si estas llegaban a explotar, un alto por ciento de las mismas, no detonaban, este es el reporte que el físico nuclear soviético le ofrece al Kremlin, condicionando esta situación la negativa de los soviéticos de aceptar la cancelación de las pruebas nucleares, porque los dejaba en una desventaja de 10 o 15 años detrás de Estados Unidos, de este problema surgen dos nuevas condiciones desde el lado de los soviéticos, no aceptar internacionalmente un tratado para detener las pruebas nucleares y hacerse fuerte en una plaza militar bien cerca de Estados Unidos, y este papel descansaba en retener a todo costo la Isla de Cuba.

Los soviéticos y su colonia en el Caribe, repiten siempre que los misiles nucleares de alcance inter medio, bombarderos con bombas nucleares, misiles tácticos tierra-tierra y misiles tierra-mar con cargas nucleares y una tropa de 60,000 efectivos, estaban en la Isla para que Estados Unidos no atacara al régimen de Castro, esto no es cierto, ellos desde 1953 comenzaron su planes de tomar a Cuba para uso estrictamente militar y en febrero de 1960, enviaron a la Isla el primer contingente militar de 1000 efectivos con especialistas para seleccionar y preparar los futuros emplazamientos de misiles, algunos de ellos debían de construir los cimientos de emplazamiento estático y con los equipos pesados para mover tierra y construir refugios bajo tierra.

Para resumir, sobre el valor estratégico de Cuba, Nikita dijo en un Pleno del Comité Central del PCUS en Agosto de1958, cuando ya se le hacia la boca agua con obtener a Cuba…"si obtenemos un base para nuestros cohetes en América, nuestra fuerza se multiplica por dos en el momento"

Quizás aun los Estados Unidos, no toma la experiencia de la filosofía de las "maskiroskas" soviéticas de traer en Julio y Agosto los misiles y los bombarderos en la cubierta de los barcos soviéticos hasta Cuba, de acuerdo a mis informaciones, desde que los primeros soviéticos prepararon el terreno en 1960 y las cuevas ocupadas por ellos clandestinamente antes de 1959 por Nikolai Leonov y Alexei Alexeiev.

Sin lugar a dudas, el traslado de todo este importante cargamento de armas públicamente, tenía un objetivo, que los Estados Unidos no comprendió y pensaron que habían hecho un descubrimiento con las fotos aérea desde que los Neptune PV-7de la Marina de Estados Unidos fotografían los barcos con misiles y aviones soviéticos para Cuba.

Pero desde el ano 1960, ellos almacenaron armas ofensivas en Cuba y en Julio y Agosto de 1962 las que arriban a Cuba en la cubierta de los barcos soviéticos, era para crear una escena de retirarlas, sin una inspección. Las cuevas y cavernas de Cuba ya eran conocidos desde 1953, porque eran los escondrijos de la KGB, sin embargo las que primero se había introducido primero se quedaron y eran las famosas "etcéteras que Castro" alardeaba desde el año 1960, para rechazar cualquier intento de ataque militar contra las posición soviética del Caribe.

Todo este "juego operativo soviético" era parte de la segunda fase del Plan Subversivo para la toma de Cuba, como base militar

soviética en América.

La Operación "Posta Avanzada" fue la primera gran jugada de engaño, con la fachada (maskirovska) de konsomoles (jóvenes comunistas) campesinos con una donación de mil tractores para ensenar a los cubanos las técnicas agrícolas, estos supuestos maestros de agricultura venían bajo el mando del Mariscal de la URSS Ignagtiev Jefe de las Tropas Coheteriles Estratégicas de la URSS con la misión muy secreta del estudio del terreno y preparar los emplazamiento de las armas que después enviarían en agosto y septiembre de 1962, donde ya estaban listas las condiciones para dicho emplazamiento.

El barco portador de tan extraño cargamento fue recibido masivamente en la rivera de la bahía habanera por estudiantes y obreros convocados por las organizaciones políticas de aquella época los Jóvenes Rebeldes y las ORI, con la cobertura de la prensa de radio y Tv, según el libro de Ignagtiev, <u>Fidel Castro desconocía hasta ese momento el verdadero propósito del destacamento de "agricultores". Este argumento fue para no</u>

Bombarderos de mediano alcance IL-28 equipados con armamento nuclear para alcanzar territorio del Sur de los Estados Unidos…esta foto nos muestra tres fuselajes a bordo de un barco soviético, estos aviones fueron destinados a la Base Aérea de San Julián, al extremo Oeste de Cuba. Esta base fue construida por los Estados Unidos con el propósito de hacer vuelos de entrenamiento de los bombarderos

B-29, que volaban entre Corpus Christi y San Julián, como practica de bombardeos sobre Japón.

Los 42 Ilushin Il-28 llegaron a ser ensamblados y operacionales en octubre de 1962 armados con 96 bombas nucleares en la Base Aérea de San Julián. En contra de la opinión generalizada y repetida más que los Padre Nuestro…no existe evidencia de que existió un tratado de no agresión entre Kennedy y Khruschev en 1962.

Alcance de las armas ofensivas emplazadas en Cuba.

Nunca hubo una Inspección del territorio cubano para validar la retirada total de las armas nucleares, dado el espectáculo de alarde de independencia de Fidel Castro de los rusos, lo cual era todo lo contrario, dependía hasta su respiración de los soviéticos, que lo habían puesto en el poder y además lo mantenían para mantener a Cuba como emplazamiento de armas nucleares contra Estados Unidos. Momentos antes de morir Fidel Castro, con un ridículo piyama verde olivo, declaro su convicción de ser comunista y de apoyar a la Unión Soviética en todo lo que pudo, el video con esta declaración está a su alcance en YouTube,

Años han pasado y todo se sabe algún día, muchos generales soviéticos han escrito en sus memorias las decenas de misiles con carga nuclear dejados en la zona de Cascorro, Camagüey. Misiles de alcance medio R-12 y R-14, que aún siguen contaminando las áreas aledañas sembrando cáncer en los habitantes. En Güira de Melena estaba los Lunik y los Soturnos en Managua, entre las conocidas por mi persona.

Funcionarios del Departamento de Defensa dijeron que los barcos de Estados Unidos vigilaban de cerca en las rutas de navegación cubanas durante los dos días de suspensión. Dijeron que "nada se ha dejado al descubierto" en el despliegue de buques de guerra. Independientemente de la actitud de Castro hacia los observadores de la ONU, no parecía haber nada que pudiera hacer para retirar los misiles.

El viaje de Mikoyan a La Habana fue visto en Moscú como un intento de Khruschev por reforzar la subordinación de Castro y reforzar el prestigio soviético en la isla, pero también para coordinar la maniobra de engaño de negarse Castro a la Inspección de Naciones Unidas, como parte de la maniobra que convenia a los soviéticos para dejar armamento nuclear en la Isla, como previamente habían calculado.

Misil táctico nuclear balístico con un alcance de 250 millas con 1,6

megatones de fuerza expansiva. Estos fueron sustituidos años después por los SS-22.

En estos momentos Cuba como especie de burla expone los misiles soviéticos que mantuvo secretamente muchos años, lo está haciendo porque ahora los tienen dentro de contenedores.

Rusia rastrea el Espacio de Estados Unidos desde Cuba con tres satélites geoestacionarios sobre el territorio americano.

Una agencia rusa especializada en tecnologías espaciales dejo saber acerca del "despliegue de un complejo móvil de recepción y transmisión en su colonia caribeña Cuba".

La estación de recepción y control de satélites de vigilancia y reconocimiento estará operacional desde el 30 de abril de 2019 de acuerdo a las declaraciones de Moscu..

Estos sistemas de Inteligencia avanzado recibirá los datos de las naves espaciales de observación óptica Resurs-P y Kanopus-V, estos poseen cámaras infrarrojas, y los transmitirá en modo codificado a Moscú a través de los satélites transmisores del tipo Luch, se espera que el sistema pueda reproducir imágenes de alta resolución de 0.7 metros en las bandas visibles e infrarrojo...

La instalación en Cuba, le facilita a las fuerzas armadas rusas la información sobre vías y contenido de la comunicación terrestre, marítima y aérea, control de la contaminación y recursos naturales agropecuarios del territorio de Estados Unidos, así como el movimiento aéreo y lanzamiento de misiles.

Los satélites de teledetección Kanopus-V fueron diseñados para monitorear cualquier tipo de experimento de explosivos o nuevos armamentos.

Con el sistema de detección emplazado en Cuba por Rusia, los cuatro satélites Kanopus en órbita geoestacionarias podrán detectar y crear focos para los incendios forestales y otras actividades ofensivas contra los EU..

Por su parte, gobierno cubano declaro al firmar el protocolo, sentirse muy satisfecho de tener en su suelo una de las subsidiarias de Roscosmos de la Inteligencia Rusa en colaboración con los Centro Científico Técnico de Geocuba y Tecnoimport.

Cuba, y su narco…

Jamás sabremos la magnitud del daño a los intereses de seguridad nacional de EE. UU. que Aldrich Ames pudo haber causado. Sin embargo, podemos suponer con seguridad que uno de los intereses vitales perjudicados por el espionaje de Ames es la capacidad de Estados Unidos de detener el flujo de drogas ilegales a los Estados Unidos.

Mr. Ames no solo tuvo acceso a la información más sensible de la CIA sobre Rusia y la ex Unión Soviética, sino que también tuvo acceso a la información más delicada sobre la guerra contra las drogas. En el momento de su arresto, Ames era un alto funcionario en la oficina de inteligencia de narcóticos de la CIA.

La posibilidad de que Ames haya pasado información sensible a la KGB En relación con la guerra contra las drogas, el Wall Street Journal publicó el 10 de marzo un interesante artículo titulado "La KGB y la guerra de los Estados Unidos contra las drogas". El artículo decía lo que muchos de nosotros hemos sostenido durante años: que la KGB usó topos como Aldrich Ames para sabotear la batalla de los Estados Unidos contra el narcotráfico internacional.

No sorprenderá a nadie que la KGB trató de socavar la guerra de los Estados Unidos contra las drogas. El KGB estaba institucionalmente dedicado a la destrucción de los Estados Unidos de América; por lo tanto, la participación de la KGB en el narcotráfico tiene mucho sentido. Las drogas han sido una fuerza cada vez más destructiva en nuestra sociedad por décadas, envenenando a nuestra juventud y avivando las llamas de la violencia en nuestras ciudades. Elevar el consumo de drogas y alcohol es uno de los puntos del Plan Subversivo contra Estados Unidos

La actividad de contra Inteligencia de Estados Unidos siempre ha sido muy débil y los hechos lo demuestran, Anglenton, muy probable que a través de su amante Phillbee estuvo en contacto con los soviéticos y aun el Departamento de Estado desde hace 60 anos, casi se puede afirmar que trabaja para el enemigo, el último fue John Kerry.

Compartir cualquier tipo de inteligencia con Fidel Castro es absurdo. Castro debe estar riéndose del Departamento de Estado y de todos.

Aldrich Ames fue una figura clave en el nuevo esfuerzo estadounidense para frustrar la entrada de narcóticos en los Estados Unidos e impedir la influencia corruptiva de los señores de la droga.

En la década del 80, la comunidad de inteligencia de los Estados Unidos aprendió que estaba a la defensiva que estaba siendo atacado con el narcotráfico y una nueva forma de crimen organizado sin precedente.

Hoy podemos comprender que George Bush cometió un error al pensar que el enemigo podría cooperar en la lucha contra el narco tráfico y el terrorismo, no pensó que ellos han sido los principales instigadores de todo lo que lesiona a la Humanidad, fue un miope y quizás un poco mal intencionado.

Con horror podemos ver, que es rutinario al FBI y a la CIA desechar las informaciones sobre la actividad de la Inteligencia cubana contra Estados Unidos.

La KGB pagaba muy bien a Ames y sus viajes a Colombia quizás podrían tener otros motivos mas allá de saludar la familia de su esposa María.

La venalidad de Aldrich Ames contrasta fuertemente con la traición ideológica intensa, y ultra retorcida, de un Kim Philbee . ¿Cuántos otros funcionarios de inteligencia occidental, infelizmente asalariados, cooperan con la ex KGB? en la guerra contra las drogas también han sido tentados por los ricos hallazgos de la traición en la era post ideológica?

Cuba se mantiene en silencio sobre 'nuevas bases rusas' 24 Julio, 2008, 19:58

El "ex líder cubano", Fidel Castro, ha instado a su país a tomar una postura firme contra Washington sobre la posible restauración de las bases militares rusas en la isla. Castro dice que Cuba debe abstenerse de disculparse o dar explicaciones y excusas. Los bombarderos estratégicos rusos no han aterrizado en Cuba desde la época soviética. En una declaración publicada en línea, Castro elogió el manejo de su hermano sobre el tema. El hermano menor de Fidel, Raúl, es el presidente cubano en funciones.

"A Raúl le fue muy bien en su silencio digno sobre las bases de los bombarderos estratégicos rusos en nuestro país". Castro, de 81 años, dijo.

El comentario de Fidel Castro viene después que Izvestia, publicó un artículo citando a un oficial militar anónimo de la Fuerza Aérea de Rusia. Dijo que Rusia estaba considerando usar aeródromos cubanos para reabastecer a los bombarderos con capacidad nuclear patrullando áreas cercanas a las fronteras de los Estados Unidos.

Sin embargo, el despliegue permanente de los bombarderos estratégicos Tupolev Tu-160 y Tu-95 en Cuba carecería de sentido desde el punto de vista militar. ver, la fuente en el Ministerio de Defensa ruso le dijo a Interfax. El desarrollo podría ser visto como una respuesta a las movidas de Washington en Europa del Este. Estados Unidos parece decidido a construir un escudo antimisiles de defensa cerca de las fronteras de Rusia.

Rusia considera que este sistema ABM (Anti Balistic Missiles) es una amenaza directa a su seguridad, ya que el radar propuesto le permitirá a los Estados Unidos rastrear toda Europa y Rusia por lo menos. Además, Moscú dice que es inaceptable que los silos para los misiles en Polonia puedan ser utilizados para lanzar otro tipo de armas.

Washington reaccionó ante la noticia de que las bases militares rusas podrían volver a ser una realidad en Cuba. Los recuerdos de la crisis de los misiles cubanos de 1962 aún persiguen a Estados Unidos. En aquel entonces, los Estados Unidos y la Unión Soviética se enfrentaron después del descubrimiento de los misiles soviéticos en la isla, a solo 144 km al sur de Florida.

El hombre nominado para ser el próximo Jefe de Estado Mayor de la Fuerza Aérea de los EE. UU., El general Norton Schwartz, ha respondido al artículo en Izvestia. Le dijo al Senado de los Estados Unidos que si Rusia continuaba con las propuestas cubanas, Moscú habría cruzado una "línea roja", un paso que sería inaceptable para la seguridad de los EE. UU.

Durante años, los Tupolov TU-16, TU-95 y TU-195 volando con propósitos de recolectar Inteligencia Electrónica y rastrear la posición de los Submarinos en el Golfo de México.
Dos veces el 4 de julio, los bombarderos rusos Tu-95 Bear en misiones de patrulla de largo alcance fueron interceptados por jets estadounidenses revueltos de bases aéreas ubicadas en la costa oeste.

Según Fox News, la primera alerta de seguridad ocurrió a las 10:30 a.m. ET cuando los bombarderos rusos con capacidad nuclear volaron desde la costa de Alaska y dos aviones a reacción de la Fuerza Aérea estadounidense F-22 Raptor salieron de su base en la Base Elmendorf-Richardson. en Alaska para interceptar los Tu-95.

La segunda intercepción fue ordenada a las 11.00 cuando los F-15 del Ala 144 de cazas de Fresno, California, se vieron obligados a interceptar lo que se ha descrito como "otro par de bombarderos Tu-95 Bear volando al borde de California".

Las misiones de interceptación de los bombarderos rusos que vuelan no lejos de los Estados Unidos (a veces a unos cientos de millas de distancia). De hecho, no siempre se lanzan aviones de combate estadounidenses (o canadienses) para interceptar a estos "zombis": en 2014, solo 6 de cada 10 "incursiones" vieron aviones estadounidenses o canadienses luchando contra el avión de ataque de largo alcance de Moscú.

Por ejemplo, durante los primeros incidentes de este tipo, el 22 de abril, cuando dos bombarderos rusos Tu-95 Bear H volaron hacia la Zona de Identificación de Defensa Aérea de los EE. UU. (ADIZ), no se envió ningún avión estadounidense para identificar y escoltar a los bombarderos estratégicos más probablemente investigando los tiempos de respuesta del Comando de Defensa Aeroespacial de América del Norte (NORAD).

Curiosamente, los Tu-95 se lanzaron sobre el Océano Pacífico en un vuelo de largo alcance pocos días después de la prohibición del vuelo (tras el accidente que vio a un TU-95 deslizarse fuera de la pista e incendiarse en el aeródromo de Ukrainka que causó la muerte de un miembro de la tripulación.

En el Golfo de México:

La decisión de Rusia de enviar bombarderos estratégicos de largo alcance en misiones de patrullaje regulares en el Golfo de México no tiene precedentes, dijo el miércoles un alto funcionario militar de los EE. UU., Alegando que el país nunca lo había hecho antes, incluso durante la Guerra Fría.

Los bombarderos de largo alcance han estado en el área antes, pero solo para participar en varias visitas a la región cuando el avión se detuvo durante la noche en lugares de América del Sur o Central. Durante la Guerra Fría, otros tipos de aviones rusos volaron patrullas allí, incluidos vuelos de vigilancia y aviones antisubmarinos.

El coronel Steve Warren, vocero del Pentágono, se negó a llamar a esto una provocación rusa.

"Los rusos han patrullado en el Golfo [de México] en el pasado y hemos visto a la Armada rusa operar en el Golfo de México", dijo el miércoles. "Estas son aguas internacionales". Es importante que los rusos realicen sus operaciones de forma segura y de acuerdo con los estándares internacionales ".

El anuncio del ministro de Defensa ruso, Sergei Shoigu, quien también afirmó que las patrullas se realizarían en otras partes del mundo, se produjo cuando el jefe de la OTAN acusó a Rusia de enviar nuevas tropas y tanques al este de Ucrania.

"En los últimos días, hemos visto múltiples informes de grandes convoyes que se desplazan hacia el este de Ucrania", dijo el Secretario General de la OTAN, Jens Stoltenberg. "Evaluamos que esta importante concentración militar incluye artillería, tanques, sistemas de defensa aérea y tropas rusas. Su declaración calificó la situación como una" amenaza grave al alto el fuego ".

Moscú negó la acusación por infundada, pero Shoigu también dijo que la disputa con Occidente por Ucrania requeriría que Rusia refuerce sus fuerzas en Crimea, la Península del Mar Negro que Rusia anexó en marzo.
Shoigu dijo que los bombarderos rusos de largo alcance realizarán vuelos a lo largo de las fronteras rusas y sobre el Océano Ártico.

Él dijo: "En la situación actual, tenemos que mantener una presencia militar en el Atlántico occidental y el Pacífico oriental, así como en el Caribe y el Golfo de México".

Shoigu no dijo cuán frecuentes serían las misiones de patrullaje ni ofreció otros detalles, pero señaló que el ritmo y la duración cada vez mayores de los vuelos requerirían mayores esfuerzos de mantenimiento y que se han emitido directivas pertinentes para las industrias.

Dijo que los aviones de largo alcance de la fuerza aérea rusa también llevarán a cabo "misiones de reconocimiento para monitorear las actividades militares y las comunicaciones marítimas de las potencias extranjeras".

Los bombarderos estratégicos rusos con capacidad nuclear realizaban patrullas regulares a través del Atlántico y los océanos del Pacífico durante los tiempos de la Guerra Fría, llegando a las áreas desde donde se podían lanzar misiles de crucero de punta nuclear en los Estados Unidos. Pero eso se detuvo en la crisis económica posterior a la Unión Soviética.

Los vuelos de la patrulla de bombarderos se reanudaron bajo el mandato del presidente Vladimir Putin, y se han vuelto aún más frecuentes en las últimas semanas, con la OTAN informando un aumento en los vuelos militares rusos en los mares Negro, Báltico y del Norte, así como en el Océano Atlántico.

A principios de este año, Shoigu dijo que Rusia planea expandir su presencia militar mundial al solicitar permiso para que los buques de la Armada usen puertos en América Latina, Asia y otros lugares para reponer suministros y realizar tareas de mantenimiento. Dijo que los militares estaban llevando a cabo conversaciones con Argelia, Chipre, Nicaragua, Venezuela, Cuba, Seychelles, Vietnam y Singapur.

Shoigu dijo que Rusia también está hablando con algunos de esos países sobre permitir que los bombarderos de largo alcance usen sus bases aéreas para reabastecerse de combustible.

Ian Kearns, director de European Leadership Network, un grupo de expertos con sede en Londres, dijo que las patrullas de bombarderos son parte de los esfuerzos del Kremlin para hacer que los militares rusos sean "más visibles y más asertivos en sus acciones".

Los nuevos vuelos de bombarderos "no necesariamente presagian una amenaza", dijo Kearns. "Son solo parte de un aumento general de las actividades". Sin embargo, agregó: "Cuantos más casos tenga de que la OTAN y las fuerzas rusas se acerquen, habrá más posibilidades de que ocurra algo malo, incluso si no es intencional".

El lunes, la Red de Liderazgo Europea publicó un informe que encontró un fuerte aumento en los encuentros militares ruso-OTAN desde la anexión de Crimea en el Kremlin, incluyendo violaciones del espacio aéreo nacional, evitó choques en el aire, encuentros cercanos en el mar, hostigamiento de aviones de reconocimiento, sobrevuelos sobre buques de guerra y misiones rusas de simulacros de bombardeos.

Tres de los casi 40 incidentes, dijo el comité de expertos, con llevaron una "alta probabilidad" de causar bajas o desencadenar una confrontación militar directa: una colisión evitada por poco entre un avión civil y un avión de vigilancia ruso, el secuestro de un oficial de inteligencia estonio, y un sueco y la búsqueda de un submarino ruso.

En septiembre, el informe decía: los bombarderos estratégicos rusos en el mar de Labrador frente a Canadá practicaron ataques con misiles de crucero contra los EE. UU.

A principios de este año, en mayo, el informe decía que los aviones militares rusos se acercaban 50 millas de la costa de California, el vuelo militar ruso más cercano registrado desde el final de la Guerra Fría. Los lazos entre Rusia y Occidente han bajado a su punto más bajo desde tiempos de la Guerra Fría por la anexión de Crimea al Kremlin y el apoyo a los insurgentes pro Rusia Ucrania. Occidente y Ucrania han acusado continuamente a Moscú de alimentar la rebelión en el este de Ucrania con tropas y armas, afirmaciones que Rusia ha rechazado.

La lucha ha continuado en el este, a pesar del acuerdo de cese del fuego firmado entre Ucrania y los rebeldes firmado en Minsk, Bielorrusia. en septiembre. Stoltenberg, el jefe de la OTAN instó a Rusia a "retirar sus fuerzas y equipos de Ucrania, y respetar plenamente los acuerdos de Minsk". El general de la Fuerza Aérea Philip Breedlove, Comandante Supremo Aliado en Europa, dijo el miércoles que en los últimos dos días "hemos visto columnas de equipos rusos, principalmente tanques rusos, artillería rusa, sistemas de defensa aérea rusos y tropas de combate rusas que ingresan a Ucrania. "Breedlove, quien habló en Sofía, Bulgaria, no dijo cuántas nuevas tropas y armas se mudaron a Ucrania ni especificó cómo la alianza obtuvo la información.

El Ministerio de Defensa ruso rápidamente rechazó la declaración de Breedlove como infundada. Breedlove dijo que la frontera Rusia-Ucrania está "completamente abierta" y "las fuerzas, el dinero, el apoyo, los suministros, las armas fluyen hacia adelante y hacia atrás". The Associated Press contribuyó a este informe.

Imagen superior: foto de archivo de un F-15 de la Fuerza Aérea de EE. UU. Intercepta a un Bear Tu-95 (USAF)

Estos aviones espías despegan desde Cuba con bases alternas en Nicaragua y Venezuela, ya pronto México será quizás otra base de Rusia.

Como detalle a tomar en cuenta para saber la prioridad de estas operaciones están las visitas del Ministro de Defensa de Rusia a Cuba y las del Coronel Alejandro Castro Espín a Moscú con un grupo de especialistas en Guerra Cibernética, son señales inequívocas de la modernización y activación de las bases de Inteligencia Electrónica y las unidades navales rusas en el área.

Desde 1970 Submarinos en Cuba

El silencio de Moscú y La Habana ha sido la respuesta a la advertencia de la Casa Blanca contra la construcción de una base de submarinos estratégicos soviéticos en Cuba. En ocasiones anteriores, el gobierno soviético ha sido rápido en negar las

acusaciones mucho menos serias que aparecen incluso en publicaciones oscuras.

Pero en este caso, cuando un portavoz de la Casa Blanca planteó la posibilidad de que el Kremlin había comenzado secretamente a trabajar en reforzar su fuerza en Cuba.

Los pesimistas concluirán que este silencio confirma los peores temores de Washington. Los optimistas argumentarán que los líderes soviéticos están volviendo a analizar los planes que puedan estar en marcha para el puerto cubano de Cienfuegos.

El mundo probablemente estuvo más cerca de la guerra termonuclear durante la crisis de los misiles cubanos de octubre de 1962 que en cualquier momento anterior o posterior.

Sin embargo, se ha podido saber que 92 ojivas nucleares han existido en suelo cubano protegidas en subterráneos en zonas de Camagüey han permanecido desde 1962.

Como es costumbre en los países comunistas no existen normas de protección nuclear, lo cual aumenta la contaminación nuclear y las enfermedades producidas por ellas. El presidente Kennedy pensaba en Castro y los rusos hicieron un show para no someterse a una inspección internacional para conocer si realmente se habían desmantelado el armamento nuclear de la Isla.

La experiencia sobre la conducta soviética y rusa en estos casos es tener planificadas las operaciones y las variantes de estas, bajo las circunstancias de las respuestas de Estados Unidos, ellos tendrían simple preparados para la escena de crear la crisis por el emplazamiento de los misiles nucleares y después de negociar la supuesta retirada dejarlos en escondrijos, sin inspección por el Consejo de Seguridad como después jamás hicieron.

En esta situación, cualquier movimiento soviético para crear una base de submarinos y almacenamiento de combustible y armas nucleares en Cuba -y no podemos estar seguros en este momento de que tal es la intención soviética- solo aumentaría la tensión entre las dos superpotencias y fortalecería las fuerzas retrógradas en ambos países que intensificarían la carrera armamentista.

En los últimos anos los Satélites espías, aviones y submarinos estadounidenses rastrean naves rusas en toda la costa hacia Cuba. Los submarinos rusos en aguas profundas se han acercado a los cables submarinos que comunican el continente americano y ha concretado en los mismos equipos de intercepción de las comunicaciones. La nave Yantar cruzó repentinamente el Atlántico y comenzó a moverse por la costa este de los Estados Unidos el mes pasado, hizo sonar las alarmas dentro del mundo de la inteligencia naval estadounidense.

Los satélites espías, aviones y submarinos de EE. UU. Mantuvieron bajo estrecha vigilancia el barco hasta Cuba, según dos oficiales de defensa de los EE. UU. Han pasado años desde que los EE. UU. Han visto este tipo de actividad por parte de los rusos, dijeron las autoridades.

Mientras que los rusos han insistido en que el Yantar no es un barco espía, la inteligencia naval estadounidense cree que tiene una capacidad significativa e inquietante: es portadora de pequeños vehículos submarinos que pueden cortar e interceptar información en cables submarinos vitales que transportan grandes cantidades de datos comerciales y militares, comunicaciones de voz y servicio de Internet entre los Estados Unidos y Europa. Algunos de estos detalles fueron reportados por primera vez por el New York Times. Funcionarios de EE. UU.

Dijeron a CNN que no había indicios de que los rusos tengan intención de cortar los cables, pero dijeron que están mostrando su capacidad de hacerlo. Se trata de lo que Estados Unidos ha observado durante los últimos meses las operaciones navales mientras los submarinos rusos en aguas profundas se han acercado a los cables submarinos.

 Una red clasificada de sensores submarinos de la Marina se activó varias veces a medida que los submarinos se acercaban a los cables. Los funcionarios dijeron que los rusos serían conscientes en términos generales de que sus acciones fueron detectadas, en otras ocasiones se han detectado dispositivos que recogen las comunicaciones transmitidas por dichos cables y han sido detectados por los sensores de la red.

Visitas de Alto Nivel
A nivel protocolar, la visita de este Ministro de Defensa debe corresponderse con la visita del Ministro de las FAR a Moscú, pero eso no podrá ser porque Raúl Castro sabe que su Ministro de las FAR es retrasado mental y solo sabe decir que ama a Fidel y Raül...como una cotorra y además es incapaz de comprender en que consiste la guerra cibernética.

Ref.
Archivos del autor
Testimonios del autor
Declaraciones del Cmte... Fidel Castro en la Universidad de La Habana. Oficina de la FEU 8 noviembre 1962
Conversaciones privadas con el Capitán Víctor Pina
Alexander Fursenko, Timothy N. "One Hell of Gamble: Khrushchev, Castro and JFK. 1958-1964 W.W. Norton and Co. New York.1997
Vives,Jose Los nuevos amos de Cuba. Notas del autor.

U.S. Military Jets Intercept Russian Bombers off Alaskan Coast
https://www.rferl.org/a/u-s-military-jets-intercept-russian...off.../29222731.html

May 12, 2018 - Two U.S. fighter jets intercepted two Russian bombers in international airspace off the coast of Alaska on May 11. The two Russian TU-95 Bear...
Videos

4:28
US F-22 Jet Catch a Russian Tu-95 Bomber Plane in Near Alaska,
Original Update DEFENSE
YouTube - May 12, 2018

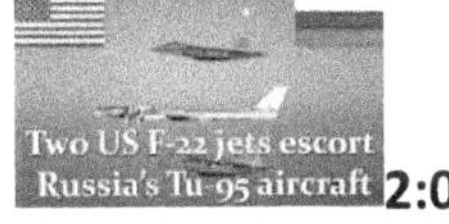

2:04
Two US F-22 jets escort Russia's Tu-95 aircraft - Russian Defense...

World of Weapon
YouTube - May 12, 2018

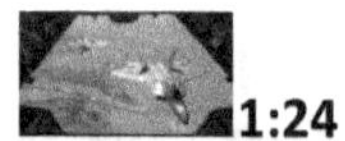 1:24

US stealth fighters intercept Russian bombers
CNN.com - May 12, 2018
 Tu-22M, Tu-95 and Tu-160 Fly past Zhukov sky, Moscow 2012 | Ty-22M...
YouTube - Oct 4, 2008
The Aviation's » Footage from inside a Russian Tu-95 Bear Strategic...
https://theaviationist.com/.../footage-from-inside-a-russian-tu-95-bear-strategic-bombe...
May 18, 2018 - On May 12, two U.S. Air Force F-22 Raptor jets were launched from Joint ... to intercept and visually identify two Russian Tu-95 Bear bombers...

Tupolev Tu-114 · Tupolev Tu-142 · Tupolev Tu-95LAL · Tupolev Tu-85

Russian Mood: US Fighters Escorted Tu-95 Strategic Bombers Over...
https://sputniknews.com/military/201805121064384271-russia-us-bombers/
May 12, 2018 - The Russian Defense Ministry earlier said thatTu-95 long-range bombers and long-range Tu-142 antisubmarine planes had flown over neutral...

Inside The Russian Bomber That's Been Flying America's Coastline
https://foxtrotalpha.jalopnik.com/inside-the-russian-bomber-that-s-been-flying-americ...
May 19, 2017 - The Russian Tu-95/-142 Bear has been showing up in a lot of places it ... Russian Bears have pushed close tithe United States, Canada and ...

US stealth fighters intercept Russian bombers off the coast of Alaska...
https://www.cnn.com/2018/05/11/politics/us-stealth-fighters-intercept.../index.html
May 12, 2018 - Two Russian TU-95 "Bear" bombers were intercepted by US F-22 stealth fighters in international airspace off the coast of Alaska on Friday,

The Bear: Russia's Tu-95 Bomber Is Moscow's Very Own B-52 | The...
https://nationalinterest.org/.../the-bear-russias-tu-95-bomber-moscows-very-own-b-52...
Jan 22, 2018 - Over sixty years later, the Tu-95 remains in service because few aircraft ... U.S. Air Force Scientists are working to Arm the B-52 Bomber with...

U.S. Carrier Intercepts Russian Bombers - The New York Times
https://thelede.blogs.nytimes.com/2008/02/12/us-carrier-intercepts-russian-bombers/
Feb 12, 2008 - Now, a half-year later, they came in the form of four Tu-95 Bears, a type of plane that is somewhat slow and clumsy by American standards but...

6 Intercepting the Bear - Air Force Magazine
www.airforcemag.com/MagazineArchive/Pages/2018/.../Intercepting-the-Bear.aspx

Capitulo # 2
Base de Modificación del Estado Meteorológico "Pronto Auxilio"

Cuba está en perfecta posición geográfica para los caber ataques contra los Estados Unidos, pero también, este es el motivo del aumento del flujo de petróleo ruso a Cuba, lo que ha facilitado la intensa actividad del Centro de Modificación Meteorológica

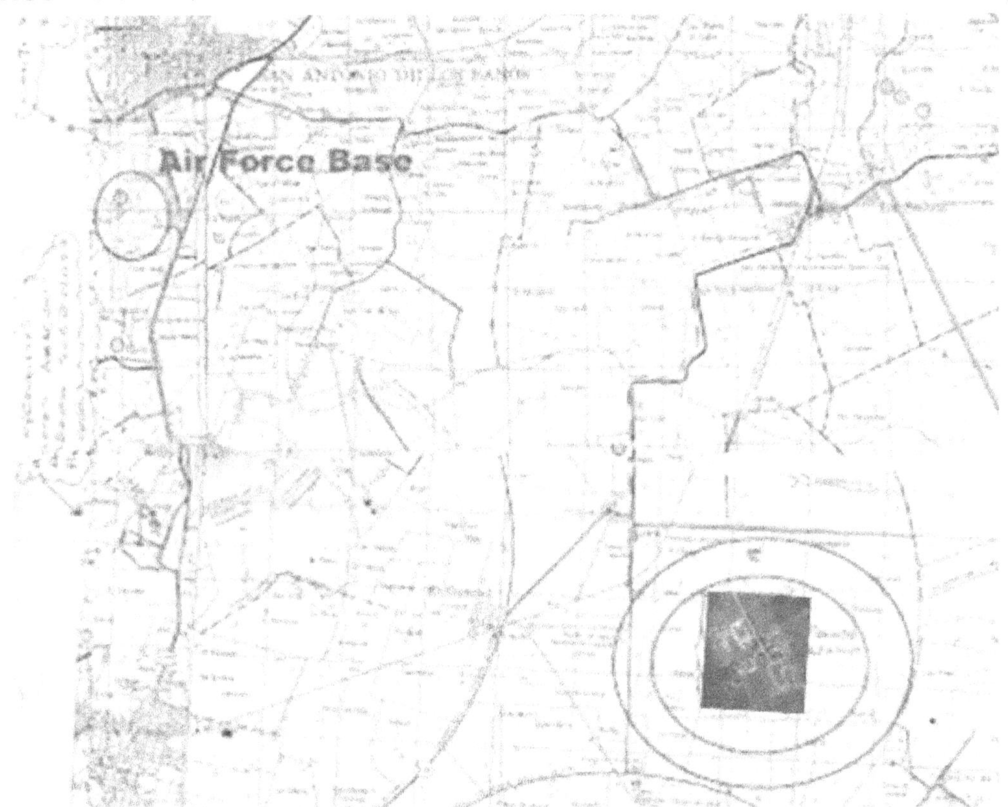

conocido como "Pronto Auxilio" que ha sido capaz de producir en la meteorología fenómenos que hemos sido testigos. Este centro codificado por la CIA como "pájaro carpintero" hace mucho tiempo se conoce su actividad.

El mapa militar con la ubicación exacta y su conexión con el cable coaxial de subordinación a la Unidad Militar 1779 (Base Aérea de San Antonio de los Baños), también esta misma base aérea sirve como base de operaciones de la TU-195, aviones que patrullan el sur y la costa atlántica de los Estados Unidos, durante la administración Obama estos aviones violaron repetidamente el espacio aéreo de los Estados Unidos, según informó el Departamento de Defensa.

- **La Unidad Militar codificada por la DAAFAR como "Pronto Auxilio"**

Como vera en el mapa de la Fuerza Aérea de Cuba. Es el Centro de Modificación Meteorológica, código cubano "Pronto Auxilio" en Quivican, Cuba, ubicado en: Cuba, Quivican latitud 22.765170, -82.374738 longitud en foto: a un lado este manuscrito sobre la conexión del cable coaxial. Mapa del Instituto de Cartografía y Catastro del MinFAR.

El último Jefe de Pronto Auxilio conocido fue el Coronel Albo Parra Salina, un piloto Maestro del Combate Aéreo, ya retirado. En realidad su actividad está ahora empeñada en la campaña de desinformación o negando la actividad ruso-cubana en la Guerra de la Modificación Meteorológica o del Clima en la que el mismo participa.

No puede ser nuevo, Cuba se ha caracterizado por incumplir burlar y entorpecer cualquier acto de bienestar, solamente lo diabólico puede esperarse, en época reciente Cuba violó muchos Tratados Internacionales sobre las armas, por ejemplo, Cuba dejó en Angola millones de minas antipersonal instaladas, enmascaradas y sin mapa para que no puedan ser localizadas y desactivadas. Consecuencia muerta, mutilada, gasto de recursos, desgracias…herencia ruso-cubana en Angola.

El Coronel Albo Parra, también fue jefe de la Fuerza Aérea de Cuba en Angola, ahora ofrece conferencias culpando a los Estados Unidos de lo que Rusia y Cuba están haciendo contra la Humanidad.

Un anuncio en la Internet sobre estas conferencias, se pueden obtener buscando por:

Guerra Hidrometeorológica o Guerra Ecológica por Albo Parra Salinas. Guerra Hidrometeorológica o Guerra Ecológica

A continuación, las fotos aéreas de la edificación desde donde opera el sistema de Modificación Meteorológica, según nos dice el Coronel Albo Parra.

- **Sistema de Pájaro Carpintero desde la época Soviética (1977)**
El sistema soviético de modificación del clima se conoce como el sistema de Pájaro Carpintero por la CIA.
 El mismo consiste en la transmisión de ondas con extrema baja frecuencia (ELF) de 10 Hertz utilizando transmisores del tipo Tesla en Angers y Khabarovsk en Siberia, Gómel, isla Sakhalin, Nikolayev en Ucrania, Riga en Letonia y también un sitio a 60 millas al sur de La Habana, aparece en el mapa y las fotos aéreas. Para darle una idea de la magnitud de este sistema, se dice que las instalaciones cerca de La Habana, Cuba, son mantenidas y operadas por un personal de 2.500 soviéticos. En mi opinión el número de operadores es muy inferior al estimado por la CIA o por quien lo hizo.

Estos transmisores generan señales electromagnéticas que producen una red escalar ELF en los Estados Unidos. Esto se hace transmitiendo estas ondas escalares de baja frecuencia desde dos puntos diferentes o pares para que converjan en un punto predeterminado en la atmosfera cercana a la superficie de la Tierra y provoquen una interrupción de la atmósfera.

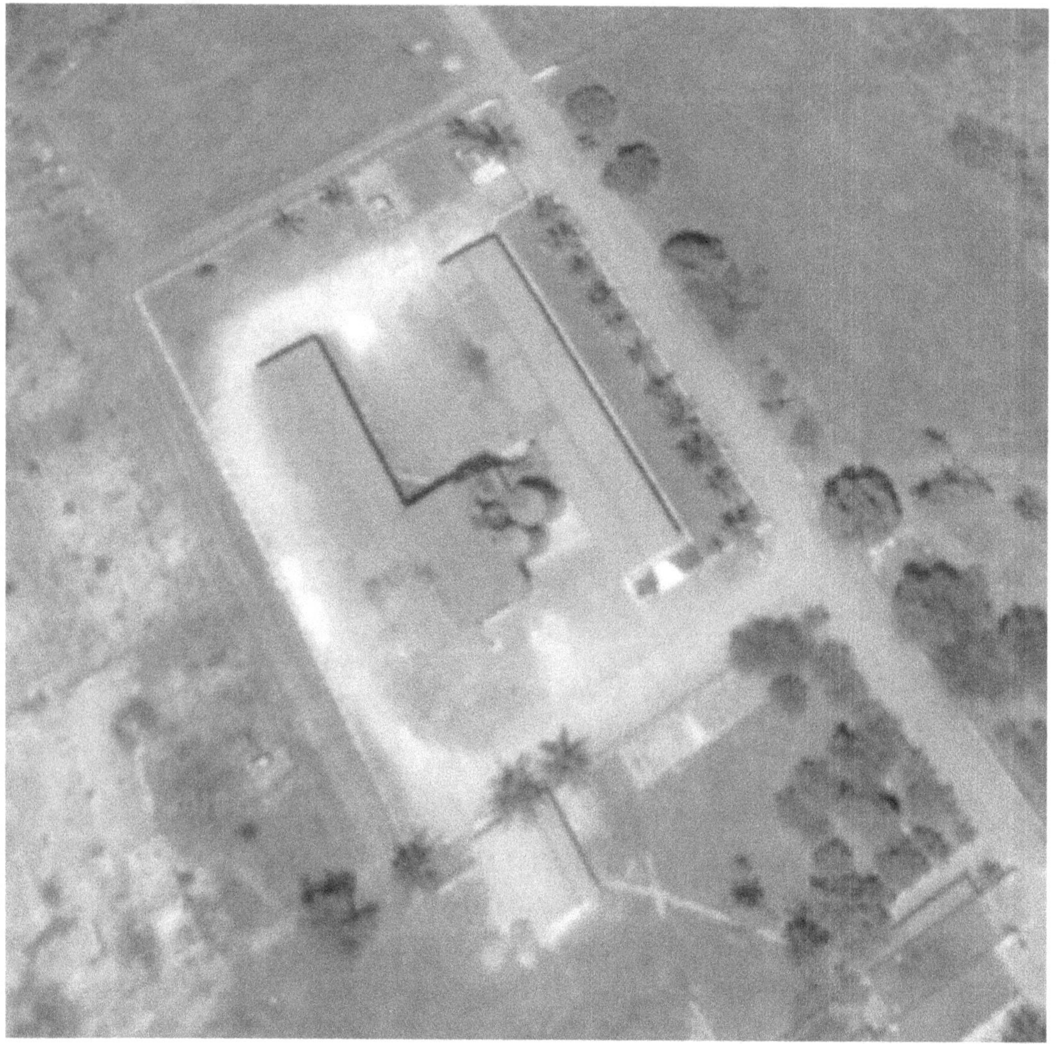

La Estación de Modificación Meteorológica "Pronto Auxilio" es una base de bloqueo del estado meteorológico creado por una ionización de la atmosfera que detener la dinámica o cambios normales de la atmosfera, de hecho hace estacionario los flujos o cambios de la atmosfera en la troposfera convirtiéndolos en verdaderas calamidades por sus efectos. (Una sequía mantenida, o una lluvia pertinaz, etc.)

Esta tecnología se puede utilizar para alterar el curso de la corriente de chorro o convectiva y establecer bloqueos meteorológicos a largo plazo.

- Bloqueo Climático a Largo Plazo

Antecedentes demuestran que la prolongada sequía de California en los años 80 fue causada por una enorme cadena de alta presión a 800 millas de la costa de California que permaneció inmóvil durante largo tiempo, bloqueando el flujo habitual de aire húmedo procedente del Pacífico y empujando tormentas hacia el Norte. En aquella ocacion los buques sovieticos fueron detectados.

Los meteorólogos que han analizado este fenómeno lo consideran uno de los patrones nacionales más inusuales jamás registrados, único en los anales de registros sobre el clima.

Esos centros de alta presión duraderos no se conocieron hasta 1977 fecha en que Cuba recibió esta técnica.

La evidencia sugiere que esto posiblemente fue causado por las ondas ELF de una base gigantesca generada por el sistema de modificación meteorológica "Pájaro Carpintero" que son transmitidas por los soviéticos intencionalmente para bloquear el flujo de patrones climáticos normales.

Este fenómeno de centros de alta presión de larga duración no se limita a producir sequía. En 1993, la región del Medio Oeste experimentó graves inundaciones como resultado del período más lluvioso en esta área en particular, ya que el registro de precipitaciones comenzó en 1876. Esta inundación fue nuevamente el resultado de lo que los meteorólogos llamaron un patrón de bloqueo procedente de Cuba.

Los sistemas meteorológicos naturales y normales generalmente se mueven de oeste a este a través de los EE. UU., Pero durante la inundación de 1993 los sistemas meteorológicos se estancaron durante seis semanas en el medio oeste superior.

Un sistema de alta presión sobre la parte Este de los Estados Unidos estaba causando que el aire cálido y húmedo se desplazara hacia arriba desde el Golfo de México y arrojara humedad en el Medio Oeste, donde se encontró con la corriente en chorro.

Este patrón de clima implicó un cambio inusual en la corriente en chorro, que durante el verano suele ser débil y normalmente se encuentra mucho más al norte en Canadá.
Este frente estacionario de alta presión también bloqueó el camino del frío aire canadiense, lo que resultó en bajas temperaturas récord en el noroeste.

<u>Según el número de septiembre de 1993 de la revista especializada de Meteorología "Storm, The Word Werther Magazine" publico:</u>

"Es extremadamente inusual que los patrones climáticos persistan durante tantas semanas, lo que provoca fuertes lluvias en la misma área casi a diario... Las razones de los patrones climáticos se vuelven fijos, como lo hicieron en junio y julio de 1993, no están claros ".

Casos raros:

"Es raro que los ciclones tropicales crucen desde El Pacífico hacia El Golfo o El Mar Caribe, pero existe la posibilidad de que los remanentes del huracán Willa remojen áreas de Texas a Florida más adelante esta semana. Como Willa probablemente perdería su circulación tropical, se le daría un nuevo nombre al sistema si se reformara en El norte del Golfo. Las tormentas mantienen su nombre cruzando de una cuenca a otra, pero antes de 2000, las tormentas fueron renombradas después de cruzar desde el Golfo de México hacia El Pacífico Oriental. El huracán Otto en 2016 fue la primera tormenta en cruzar desde el Atlántico hasta El Pacífico bajo esta regla. La tormenta tropical Hermine se desarrolló en el Pacífico por primera vez como la Depresión Tropical 11E y pasó a través del terreno montañoso de Oaxaca y Chiapas México hacia El sur del Golfo de México. Luego se fortaleció hasta alcanzar una fuerza cercana al huracán que causó inundaciones desde Guatemala hacia El norte a Oklahoma a principios de septiembre

Cuba nos ofrece su visión de trayectorias de huracanas consideradas como raras, pero en la lista después de 1963, año en que se instalan los primeros dispositivos soviéticos para la modificación del estado meteorológicos aparecen los huracanes de trayectoria rara con más frecuencias que antes de 1963, fenómeno que se daba uno cada 10 años:

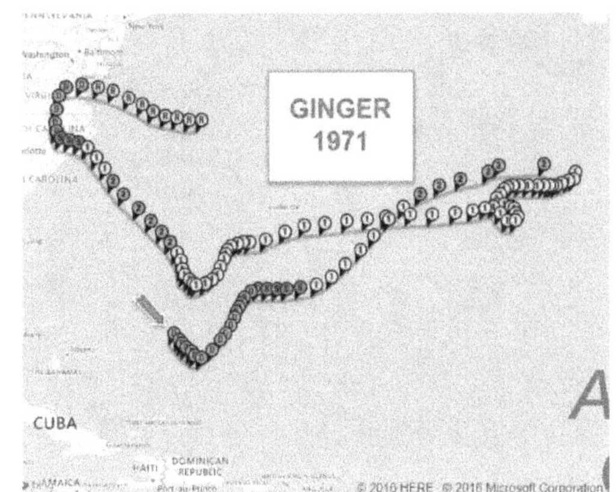

Flora   1963
Ginny   1963
Daria   1967
Ginger   1971
Dalon   1972
Gordon   1994
Iván   2004
Mattew   2016

Después aumentan a 5.37 cada 10 años.

Pero el propio director de Meteorología de Cuba, nos confiesa:
"Pero a lo que voy. Quisiera compartir con Uds. una curiosidad. Busqué huracanes y tormentas tropicales del Atlántico con trayectorias raras en los archivos desde 1851. Hay varios, y algunos de ellos azotaron a Cuba. Pero en todos los casos, las condiciones eran diferentes de Matthew. <u>Esas raras e insólitas trayectorias han estado vinculadas siempre con patrones de bloqueo por anticiclones o por vaguadas que se vuelven estacionarias.</u>"
<u>Encontramos el mismo fenómeno de bloqueos de las corrientes, que es exactamente el factor creado por las ondas de baja frecuencia que emiten El centro "Pronto Auxilio".</u> Probablemente El Dr. José Rubiera desconoce la función "Pronto Auxilio "Rubiera cambio la trayectoria del Flora para Camagüey, sus contra marchas fueron en Oriente

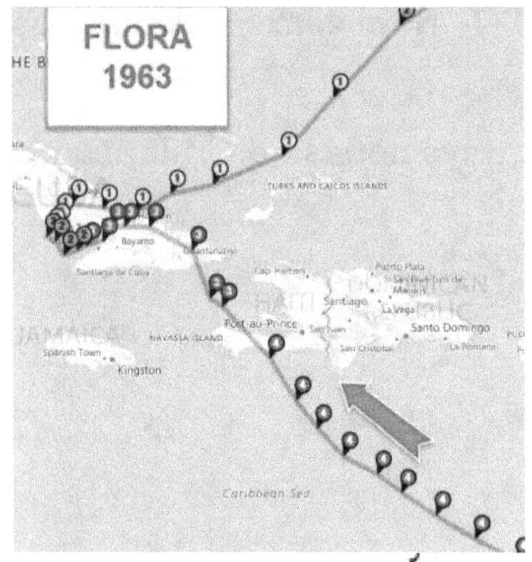

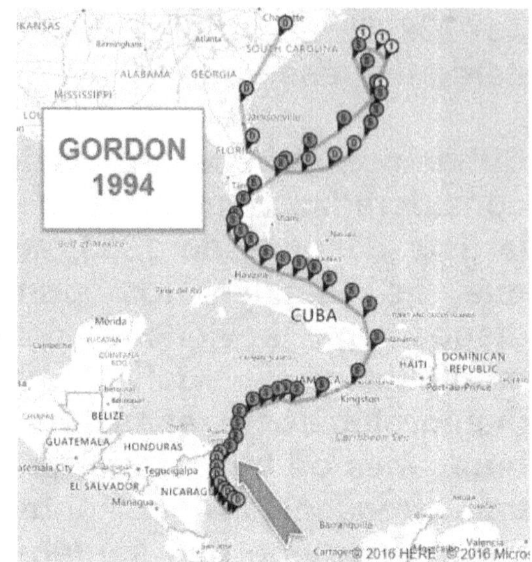

LA CAPRICHOSA Y FATAL TRAYECTORIA DEL FLORA.

Cabe la pregunta, que interes podria tener destruir su propio pais....esta es una pregunta que da un gran respuesta ...para instalar el sistema totalitario, al que elegantemente llaman socialismo, es preciso destruirlo todo, crear crisis artificiales, desmantelar la prduccion agropecuaria e industrial, para obtener lo mas importante, la llamada "docilidad de la poblacion", que se obtienen mas facilemnte haciendo a cada individuo absolutamente dependiente de lo que el Estado le oferte, esto es la "dependencia al Estado".

Ciclones, epidemias porcinas, humanas, fitosanitarias, paralisis del transporte, expropiacion de la tierra, falta de piezas de repuesto para la manufactura, etc. Todo destruido, miseria eso es socialismo. Pero mucha promesa y propaganda. Tambien resulta, que las trayectorias raras, se producen contra el terrirorio de Estados Unidos.

La vista de Pronto Auxilio desde mayor altitud. Foto Departamento de Fotogrametría Aérea. ICCC Cuba

PELIGRO TERRORISTA DE CUBA

Eduardo Prida* 1997

Bioweapon cuba originalmente publicado en el web site Guaracabuya

Introducción

Castro ha destruido a Cuba, su plan de destrucción económica ha sido y es un rotundo e indiscutible éxito, la misión asignada a Cuba es servir como la Posta Avanzada de los rusos en América, se concreta solo a través de planes ofensivos utilizando medios no convencionales políticos y militares contra los Estados Unidos.

Para algunos analistas estos son irrelevantes y escasos, para mi, he sostenido el criterio de que es imprescindible detenerlo a cualquier precio y de cualquier

forma, de no hacerlo corremos el peligro de ser exterminados, especialmente ahora cuando se acerca su ocaso….

A continuación, algunas de las informaciones sobre esta amenaza no tangible pero real para lo cual cuenta con Rusia, China, Irak, Irán, Corea del Norte, Venezuela y la Narco Guerrilla de Colombia sin dejar exonerada a la Comunidad Europea.

Acorde a mis conocimientos sobre la filosofía de empleo y el desarrollo de las Armas en manos del genocida Fidel Castro se pueden considerar estas categorías o medios de combate con las cuales puede atacar con relativo éxito a Estados Unidos y crear eventualmente la destrucción masiva de la propia población cubana en caso de una rebelión interna o como parte de alguna maniobra política

Sistema de Minado de todos los objetivos y posiciones importantes dentro del territorio nacional, puentes, carreteras, pistas, prisiones, escuelas, edificios públicos, etc.

Sistema de Túneles o Medios Subterráneos para el control y exterminio total de la población cubana en caso de rebelión o invasión externa.

Tropas Especiales para infiltración en territorios enemigos con misiones en la profunda retaguardia con medios de exterminio masivo que pudieran ser químicos, biológicos o nucleares,

Centros de Radio Inteligencia Electrónica para detectar, analizar e interferir en las comunicaciones de Estados Unidos y países vecinos, para lo cual actualmente utiliza los centros construidos por China y Rusia en los últimos anos.

La Guerra Cibernética e Informática con el robo de programas, la creación de centros de obtención gratuita de programas comerciales a los usuarios de Internet, así como en la creación e introducción de virus y robos de cuentas bancarias, identidades, falsificación de datos en las elecciones.

Estación de Modificación del Estado Meteorológico para crear modelos impredecibles en el comportamiento de fenómenos atmosféricos, largas sequías, huracanes, etc. en toda el área.

La introducción masiva en Estados Unidos de inmigrantes ilegales desde Centro y Sur América y desde Cuba con militantes del Partido Comunista de

Cuba como agentes en "frío" utilizando el sistema de visas por sorteo para neutralizar el exilio políticamente ubicándolos convenientemente en posiciones tácticas importantes en los gobiernos locales y en el Partido Republicano.

La introducción de Drogas como medio de recaudar fondos y destruir la sociedad norteamericana moral y psicológicamente.

Una Estrategia Expansiva de la ideología Castro Comunista está viva en Venezuela, Colombia, Perú, Canadá, México, Panamá, Nicaragua, Chile, Brasil, Puerto Rico, etc.

Todos estos medios subversivos tienen una meta y un lenguaje político bien conocido por todos, las oímos en boca de Castro, de Tiro Fijo o de Chávez, Khadafi o Putin o Kin Jon Il, siempre el mensaje implícito de estas acciones es la necesidad de imponer terror para imponer sus obsoletas ideologías y sus dictaduras. (1)

Con el Terrorismo como bandera ellos tratan de hacer navegar un pecio, provocando muerte, hambre y un sufrimiento innecesario a MILLONES de seres humanos en todas las latitudes del globo terráqueo, retrasando en definitiva la prosperidad y el bienestar.

Era del Bioterrorismo

El Bioterrorismo es una realidad concreta en el Mundo de hoy, peligro del cual parece muy difícil sustraerse, prueba de ello es la apreciación del Presidente de Estados Unidos, Bill Clinton cuando firma una Directiva Presidencial en Junio 21 de 1995 para tomar medidas urgentes contra un eventual ataque Químico y Bacteriológico, en esa oportunidad dijo textualmente..."Estados Unidos no tiene prioridad más alta que impedir que los terroristas adquieran Armas de Destrucción masiva"...palabras que el viento se llevo...

CONSTRUCCION DE PLANTAS QUIMICAS

En cumplimiento del Plan de Modernizar las Fuerzas Armadas de Cuba la URSS durante la década del 80 el Ministerio de Defensa de la URSS obsequio al Comandante en Jefe con unas fabricas de Gases Militares.

Las primeras fábricas de Armamento Químicas fueron construidas bajo tierra para producir Tricothecen Micótico, militarmente se le conoce como

GAS T-2, una planta con el nombre de QUIMONOR, que tiene fachada de pertenecer al Ministerio de la Industria Química fue construido en la Provincia de Matanzas, cerca de una Base de Instrucción del Ejercito Occidental, conocida por la PALOMA. Esta planta, la primera construida fuera del territorio soviético, coincide cronológicamente con el Centro que fue un regalo del Ministro de Defensa de la URSS a Cuba y fue construida por técnicos soviéticos en el 1981.

Los iraquíes comienzan en la misma fecha 1980 en Al Hacem In Al Haytham región Al Salman en la misma época y un científico iraquí denuncia los planes de producir Armas químicas y bacteriológicas.

En esa época IRAK, contaba también con Arsenal Químico importado de la URSS y lo utilizo contra Irán durante los Conflictos por el Estero de Shat-El-Aram, especialmente los gases VX, Mostaza, SARIN y Soman.

¿Alguien podría tener una idea sobre la cantidad de angoleños indefensos muertos a consecuencia de agentes químicos de todo tipo utilizados por la Fuerza Aérea de Castro en Angola y Eritrea? Puede negar el Gobierno Cubano este Genocidio.

ARMAS BIOLOGICAS "Made in CUBA"

Los primeros experimentos con gérmenes y toxinas comenzaron en los anos 1978 y 1979 por el llamado Frente Biológico en el Oeste de La Habana "Atabey" en los alrededores del CENIC y la residencia del ministro de las FAR. Los primeros experimentos fueron con toxinas provenientes de algas y mariscos, como vectores moscos Drosophila Lipsophaga.

Muchos Institutos y Centros de Investigación de la llamada Academia de Ciencias de Cuba dirigida formalmente, la Dra. Rosa Elena Simeón, miembro del Buró Político del PCC y Presidenta de la Academia de Ciencias de Cuba, pero a su vez el llamado Frente Biológico dirigido por el Comandante en Jefe y su subordinado el General Guillermo Rodríguez, Jefe de los Servicios Médicos de las FAR operativamente dispone de las capacidades y facilidades para investigaciones colaterales en diferentes ramas de la Biología, Química, Instituto de Inmuno Ensayo, Instituto de Hemoderivados, Instituto de Biología Molecular, Instituto de Enfermedades Tropicales, Instituto de Investigaciones Epidemiológicas "Carlos J. Finlay" Instituto de Investigaciones de Salud Vegetal, Instituto de Investigaciones de Ciencias Veterinarias y Salud Animal, Instituto de Investigaciones Ciencias Agropecuarias, Instituto de Investigaciones Sub. Acuáticas, Instituto de

Investigaciones Producción Animal, Instituto de Medicina Militar, Buro de Investigaciones Científicas, Centro 3, etc. y otros.

La Primera Planta propiamente destinada a las Armas Bacteriológicas se inaugura en abril de l994 cerca del Hospital Militar Central, la segunda comenzó a trabajar en la primavera de l995 cerca del Hospital "Carlos J. Finlay" en el municipio Playa, Cdad. de La Habana. La fachada fue la construcción para expandir el Dpto. de Pediatría del Hospital Militar "Carlos J. Finlay".

La Primera Planta existe a menos de 1000 metros del Hospital Militar Central "Luis Díaz Soto" en el municipio Habana del ESTE, Cdad. de La Habana (Hospital Naval) utilizando las facilidades de dicho Hospital, sobre la cual se tienen datos más exactos.

Los residentes del área de salud son utilizados para validar los productos validar los productos y sin conocimiento del personal facultativo y de los propios pacientes en diferentes vías, se les ha administrado virus atenuado para conocer los resultados y los niveles de eficiencia de las sustancias creadas en dicha instalación, esto se conoce como la Validación y Normalización de los Experimentos. Creando epidemias de Neuritis Óptica, Meningitis, Polineuritis Periférica y otras epidemias en los anos 93 y 94 se utilizaron a prisioneros del Combinado del Este, en las Sala de Infecciosos G y H donde estuve entre cientos de presos que no podíamos caminar, solo arrastrarnos por el piso.

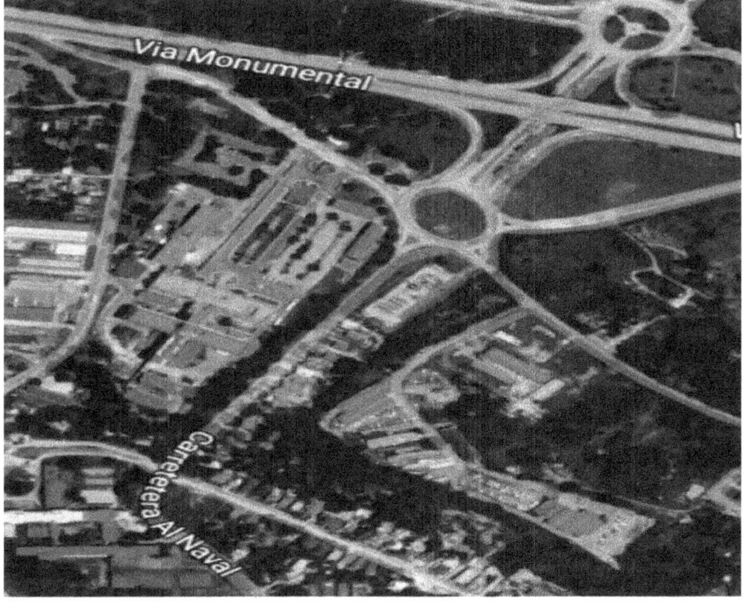

Este es el origen de enfermedades de síntomas raros en diferentes zonas de Cuba refrendado por el pronóstico de la CIA sobre el tema.

Cerca del Instituto Superior de Medicina Militar Hospital Militar Docente "Luis Díaz Soto" hay tres grandes depósitos de cadáveres que se utilizan para hacer las pruebas de tejidos humanos y caldo de cultivo de agua con sustancias Biológicas de los cadáveres putrefactos.

Estas piscinas subterráneas con cadáveres putrefactos tienen por objetivo producir sustancias bioquímicas para la Producción de Botulinum Tóxico, Aflatoxin y Clostridium perfringens, conocido este último por gas de la Gangrena Gaseosa.

OBJETIVOS

Desarrollar enfermedades infectocontagiosas capaces de propagarse con rapidez y crear el pánico en la población de Cuba y culpar a los Estados Unidos como lo han venido haciendo desde hace años y por otro lado atacar a los cubanos residentes en la Florida.

Esta filosofía terrorista para mantener su Dictadura puede ocasionar un alto costo económico y psicológico, la relativamente fácil introducción y a muy bajo costo en comparación con el Armamento convencional o nuclear.

Esto se emplea como Arma de Contención, ya que obligaría a EU a detener cualquier intento de mantener una posición de fuerza contra Cuba, puesto que la reacción interna contra el Gobierno que tome la decisión de un ataque podría tener un costo político sumamente alto donde la Prensa domestica jugaría un papel favorable a la posición de Castro.

Estos Portadores Infecciosos podrían ser transportados al territorio de EU no solo por vectores convencionales como las bombas de Aviación, mísiles y granadas de Artillería, sino también por medio de agentes portadores que podrían depositar animales entrenados como perros y monos infectados con los Virus.

La Producción de Animales de Laboratorio en especial los perros Dálmatas que gozan de mucha simpatía en EU y se crían masivamente en el **CENPALAB** (Centro de Producción de Animales de Laboratorio) situado entre Santiago de las Vegas y Bejucal tiene como propósito utilizarlos como **VECTORES.** En otros Centros del Frente Biológico, entre ellos la antigua finca del ex Presidente de Cuba, Carlos Prio Socarras, ubicada en Capdevila, municipio de Rancho Boyeros se controlan las aves migratorias para utilizarlas como vectores hospederos de virus como el conocido por la Fiebre del Este del Nilo, utilizando los mosquitos como intermediarios entre el vector y los seres humanos.

También han ensayado los roedores, reptiles e insectos y pequeños contenedores del tamaño de un frasco de medicina en forma de spray para rociarlo en reuniones públicas como un evento deportivo o una gran tienda, en los aparatos de aire acondicionado central, etc.

Directamente también con sustancias químicas o Biológicas en la contaminación de Acueductos, Plantas Procesadores de Alimentos de Consumo Humano y Animal, etc.

Por lo general, los países que desarrollan Armas Biológicas están trabajando o ya poseen esta diabólica lista de Enfermedades, según las Agencias de Inteligencias de Occidentes, o por organizaciones científicas preocupadas por la No Proliferación de Armas de Exterminio Masivo como el Monterrey Instituto y por la Federación Americana de Científicos (FSA) con sede en Washington, comúnmente aparecen en estos listados estas enfermedades, las cuales detallamos a continuación.

"Los agentes de guerra biológicos incluyen microorganismos vivientes (bacterias, protozoarios, rickettsia, virus, y hongos), y toxinas (químicos) producido por microorganismos, plantas, o animales. (Algunos autores clasifican toxinas como químico en lugar de los agentes biológicos, pero la mayoría no hacen, y ellos eran incluidos dentro de las 1972 Armas Biológicas Convención como reflejó en su título formal, la Convención en la Prohibición del Desarrollo, la Producción y Almacenamiento Bacteriológico (Biológico) y Armas de la Toxicas y en su Destrucción).

Base de Investigaciones del Medio Ambiente, como manto protector pero dirigido por Cuba en Puerto Rico, el Caribe y el Amazonas.

Cuba con el pretexto de estudiar el Medio Ambiente y los Sistemas Ecológicos infiltra sus agentes para investigar la migración de aves y sus patrones de comportamiento para luego utilizarlos como vector llevando virus patógenos a territorio de Estados Unidos, tal es el caso de lo que actualmente ellos están haciendo en la finca "El Paraíso" ubicada e el Km 10.3 de la carretera 511 en Ponce, Puerto Rico, así mismo con estos estudios del medio ambiente de manera manipulada levantan opiniones para que el pueblo puertorriqueño se sienta amenazado por la presencia de la aviación naval en la Isla de Vieques, sin embargo la verdadera razón es obtener datos para utilizar las aves migratorias como vectores de virus epidémicos. Los nombres de todo el grupo de cubanos enviados por Castro y sus cargos en la estructura científico militar del régimen la conocemos perfectamente, al igual que el gobierno de Estados Unidos.

El llamado Sistema Pájaro Carpintero para la CIA y Pronto Auxilio para la Contra Inteligencia Militar de Castro.

Pero si todo esto fuera poco hay mucho mas, los rusos cuentan con un Sistema a nivel del todo el Planeta para modificar el estado meteorológico, esta cadena de transmisores de baja frecuencia hacia la capa ionosfera provoca cambios que alteran y hacen absolutamente impredecible y más violentos los huracanes, las torrenciales lluvias o las prolongadas sequías.

Esta cadena de transmisores tiene emplazamientos alrededor del Ártico y al sur de Estados Unidos, Cuba, las localizaciones están Angarask y Kabarorovsk en Liberia, en Gomel, en la Isla Sajalin, en Nikolalaiev, Ucrania, otra esta Latvia cerca de Irga y no podía faltar en este diabólico proyecto la autorización de Castro en dar un pedazo de Cuba, estas son las antenas situadas en la zona de Cubican, Guira de Melena y Batabanó, en los círculos militares castristas esta zona se le conoce como "Pronto Auxilio", para estas instalaciones nunca falta la energía eléctrica, para operar este sistema los rusos tienen en Cuba unos 2500 técnicos que viven en la zona de Managua, Reparto "Sierra Maestra" y "Naroka" en Santiago de las Vegas.

Las antenas de transmisión se encuentran en una zona del sur de La Habana conocida por Pronto Auxilio enlazada con el Cable Co Axial con los Centros de Lourdes y el Puesto Central de Mando y el Comité Central.

Este mismo sistema de Bloqueo Meteorológico a Largo Plazo, lo llevaron a cabo en la costa del Pacifico desde un buque creando sequías e inundaciones en California en la década del 70 y del 80.

Actualmente cerca del Aeropuerto Internacional de Moscú, existe una pequeña planta de muestra o exhibición para el mercado internacional de armamento que bien maneja la mafia rusa, que desprovista de ideología sigue sirviendo la subversión y el terrorismo.

Sin embargo, esto no es nuevo, Zbigniew Brzezinski. Quien fuera Asesor de Seguridad Nacional, se refiere a este asunto en su libro "Between two Ages" tan temprano como en el 1970.

La Meteorología es una Ciencia aplicada de la Matemática y Física y su pronóstico se apoya en cálculos matemáticos y estadísticas multivariadas y de acuerdo a las leyes establecidas por las herramientas físico-matemáticas, pero al entrar otras variables incontrolables en el fenómeno que se pretende pronosticar, todos los esfuerzos reducen la validez de pronóstico de los modelos matemáticos de los fenómenos convectivos, así todos los fenómenos meteorológicos se comportan atípicamente, en ocasiones podrían ser muchos más violentos y erráticos, pero además el Gobierno Cubano, dígase Castro manipula la vertiente social y económica de este daño masivo, Castro sabe que mientras mas hambre, mas miseria en Cuba y en toda el área Centro Americana mas caldo de cultivo hay para su propaganda política contra los Estados Unidos, y más efectivamente puede ejercer su represión y su liderazgo internacional porque le impone la pauta a seguir a los Estados Unidos con sus magnánimos ejemplos de ayuda a los damnificados, enviando masivamente médicos que aunque no llevan ni Aspirina facilitan un emplazamiento moral a la responsabilidad de Estados Unidos en el área.

No debemos olvidar que Castro también obstaculiza el Pronostico Meteorológico cuando se niega a autorizar el vuelo de Reconocimiento Meteorológico sobre la Isla, como lo hacía antes.

Según se puede apreciar en el mapa, este Centro está ubicado al Sur de la Salud, al Sur Este de San Antonio de los Baños y al Oeste de Quivicán, la población más cercana es el caserío de El Gabriel. Posee una Planta de Energia Eléctrica propia, los vecinos y los transeúntes de la carretera pueden ver las altas antenas, así como la iluminación interior que cuando hay apagones en la zona, sobresale su iluminación.

 Un ejemplo de la actividad terrorista utilizando medios biológicos lo constituye la introducción del Citrus Canker del que tenemos algunas informaciones:

El Instituto de Sanidad Vegetal ubicado en el Reparto SIBONEY (Antiguo La Coronela), dirigido por el Dr. Heliodoro Martínez Junco desde que fuera depuesto como Ministro de Salud Pública, el Tirano Castro le confió la misión de estudiar las Enfermedades y Plagas que atacan la agricultura cubana. Sin embargo, como tarea encomendada por el Buró Político, especialmente para ese Instituto era la creación de Enfermedades para "responder o contraatacar al imperialismo norteamericano con enfermedades capaces de arruinar las cosechas tal y como lo pueden hacer la roya de la caña de azúcar y el moho azul del tabaco, o la mariposa del tomate y de la Papa.

Como vectores o portadores, el Dr. Heliodoro Martines es Presidente, además de la Sociedad Colombofilia de Cuba para la cría y desarrollo de palomas mensajeras) le encargaron la utilización de estos animales y otras aves que espontáneamente son capaces de alcanzar a Estados Unidos, llevando elementos microscópicos para infectar ganado y agricultura.

Estos Planes comenzaron en 1985 con la llamada "Guerra de Todo el Pueblo", así conjuntamente el Instituto de Sanidad Animal (ICA), así como él CENSA Centro de Salud Animal ambos bajo la dirección del Dr. Ortiz por su parte se encargaría de un propósito semejante con la Ganadería. Estos Institutos los dirige el esposo de la Dra. Rosa Elena Simeón, actualmente Ministra de Ciencias.

La visita sistemática de Castro a estos Centros para mantener el Control de la Tarea ha sido sistemática, Asesores soviéticos participan en estas tareas, así como algunos comunistas franceses y suecos.

Específicamente, el Citrus Canker ha recibido categoría de tarea priorizada para el Instituto Tecnológico de Cítrico "Octubre Rojo" cerca del pueblo de Bauta al oeste de la Cuidad de La Habana.

Según informaciones, China ha entregado mísiles de medio alcance del tipo MB-15 durante 1990 las cargas explosivas fueron desembarcadas recientemente por el puerto del Mariel, según fuentes del Pentágono, en fecha reciente.

El DF-15 es primero un proyectil balístico de corto alcance moderno puesto en el servicio alrededor de 1990-91. Es un proyectil de combustible solido con un sistema de guía inercial, aunque puede actualizarse en el futuro con GPS. Se estima para tener un rango de 600 Km. Su carga puede ser nuclear.

Se pensaba inicialmente que el DF-15 era un proyectil de una fase, sin embargo, los recientes informes sugieren que pueda tener una ojiva de separación realmente con su propio sistema de propulsión de miniatura. Semejante sistema es significante porque permitiría hacer los cambios a la trayectoria del término de la ojiva, mientras sugiriendo que alguna forma de guía terminal.

El M-9 (DF-15) se despliega en un transportador-erector móvil - el lanzador (TEL) el vehículo. La ojiva es dual capaz convencional o nuclear con una 950 Kg. carga útil (el rendimiento nuclear es desconocido, pero puede ser aproximadamente 90 KT). El combustible sólido del proyectil significa que su tiempo de preparación de lanzamiento puede ser tan corto como 30 minutos.

El Dong-Feng 15 un misil de corto alcance desarrollado en la Republica Popular China. Hasta ahora utilizado con carga convencional. Emplazado en Cuba.

Plataforma de Lanzamiento: Movil

Peso: 6299 Kg   Precision: 10 m

Carga nuclear de 50-350 kt

Modelos de la exportación del DF-15 son conocido como ' M-9s ' y es presunto que éstos llevan sólo ojivas convencionales. Varias fuentes sugieren que M-9s se pueda haber exportado a Siria, Libia, Irán, Cuba y Pakistán.

Esta es la cruda realidad que nos ha dejado una política ambigua, pasiva y permisiva de Estados Unidos y la Comunidad Europea, esta ultima consorte de Causa de Castro.

Todos los avances de la Ciencia y Tecnología de la Humanidad Castro los puesto a su disposición para destruir a los que el considera sus enemigos.

Para escribir este Capítulo se han utilizado las siguientes Fuentes de Información:

ABC News
Archivos de la KGB
Associated Press " Chemical, biological Weapons threat growing" by Susanne Schafer
1997 Global Terrorism: Appendix B State Department (1)
1997 Global Terrorism Appendix B Background Information on Terrorism Group
Miami Herald texto Guillermo Cueto ex Oficial CIA
Directivas de Decisión Presidencial PDD 62 PPD 63
Directivas de Decisión Presidencial PPD 39 junio 21 1995
Foreing Suppliers to Irmak's Biological Weapons by Monterrey Institute of International Studies
UNSCOM-IRAQ exchange on Biological Weapons by Monterrey Institute of International Studies
Carta del Honorable Congresista R (Fl) Lincoln Díaz Balart al Honorable William Cohen Secretario de Defensa
Text of Transmittal Letter from Honorable William Cohen, Defense Secretary to Honorable Strom Thurmond Chairmen of Armed Service Committee.
Declaraciones de la Honorable Congresista R (Fl) Ileana Ross-Lettinen
Irak jails scientific who developed its germ weapons. The Herald /March 24 1998/ Judith Miller New York Time Service
"Easy to Make, Easy to Hide" by Beau Brendler ABC News

Weapons of Mass Destruction and Capabilities and Program Monterrey Institute Internationasl Studies

Editoriales de Radio "Caimán" por Juan José Jimenez (1990)

Texto Completo de la Conversacion por la Línea Caliente entre el Presidente de EU George Bush y el Secretario General del PCUS Mikjail Gorbachov en Abril 4 de 1990

Chemical Weapons Chronology Monterrey Institute

The China Men in Havana ABIP 1999 Agustin Blazquez Producer /Director of the documtary COVERING CUBA

A history of Bio Chemical Weapons by Zoltan Grossman e-mail mtn@igc.apc.org

Uncovering Al Hakam by A. J. Venter Jane's Intelligence Review march 98

Informaciones del Archivo Personal del Autor

Discursos del Tirano Fidel Castro

Otros testimonios pueden ser vistos en el documental Red Alert de Eduardo Palmer y Salvador Blanco

*Ed Prida

Dr. en Psicología cumplió 6 anos en la prisión de Quivicán de dos sentencias por delitos contra la Seguridad del Estado, fue extraditado cuando estaba al borde de la muerte por neumonía y tuberculosis en Febrero de 1996 por gestiones del Presidente de Estados Unidos.

Coordinador General del Centro "Harold Feeney" para la No Proliferación de Armas de Exterminio Masivo y Terrorismo

Ex Prisionero Político de la Causa Llamado a Rebelión y Atentado contra el Presidente de Cuba

Ex Investigador Científico de Psicología Aeronáutica del Centro de Investigaciones Científicas de la Fuerza Aérea de Cuba

Mapa oficial de la Fuerza Aérea de Cuba

Archivo del autor Informaciones del Cor. Albo Parra Salina

The Russian Woodpecker: experiments in global mind control? - Eye ...

https://www.eyeofthepsychic.com/woodpecker/

Posing the question was sufficient for "the Russian Woodpecker" to become ... claimed that the signal was responsible for weather modification wars covertly waged upon ... In April 1953, CIA Allen Dulles gave a lecture at Princeton University.

The Woodpecker Soviet Electromagnetic Attack Duga radar - Wikipedia

https://en.wikipedia.org/wiki/Duga_radar

Duga (Russian: Дуга) was a Soviet over-the-horizon (OTH) radar system used as part of the ... The unclaimed signal was a source for much speculation, giving rise to theories such Soviet mind control and weather control experiments.

Stanislav Ilic

The Russian Woodpecker, Chernobyl Meltdown ... - ClimateViewer.com

https://climateviewer.com/.../russian-woodpecker-chernobyl-meltdown-ionospheric-he...

The Russian Woodpeckers (STEEL YARD, STEEL WORK, Duga Radars, & Krug Ionospheric Probes) MAP: ... 'Woodpecker' Duga Radar Array, Chenobyl, Ukraine .... The CIA,Weather Warfare, and Climate Terrorism.

Images for woodpecker cia meteorological russian

Project Woodpecker

https://www.bibliotecapleyades.net/scalar_tech/esp_scalartech02.htm

Anexo A

Weather Modification: Another Asymmetric Terrorist Weapon (esto fue copiado de un articulo escrito por mi y enviado por fax al laboratorio de la FIU, y que había publicado anteriormente en Harold Fenney, Non Proliferation Mass Destruction Weapons Website por Prof. Ed Prida en ano 1996-2002) y después este mismo apareció firmado por Manuel Cereijo SEPTEMBER 2004

Rusia, China y Cuba utilizan la tecnología de modificación climática. El proyecto involucra la manipulación de la ionosfera y la alteración de los campos magnéticos de la tierra. Esta tecnología tiene capacidades localizadas y globales. Las evidencias científicas indican que esta tecnología también tiene la capacidad de manipular el comportamiento humano y los patrones de la distribución de la atención para crear negligencia y premisas de accidentes catastróficos por la disgregación involuntaria de la atención de cualquier operador, sea un barco, un tren, un auto o un avión.

Toda esta tecnología aparentemente similar a Star Trek se originó en un inmigrante serbio llamado Nicolas Tesla que vino a los Estados Unidos a fines del siglo XIX. Durante su investigación descubrió que la ionización de la atmósfera se alteraría cuando se

cargara por transmisiones de ondas de radio en el rango de baja frecuencia de 10 a 80 Hz. Los estudios indicaron que con la ionización positiva, las personas y los animales se cansaban y estaban letárgicos y con la ionización negativa el efecto era sentirse activos y enérgicos.

Otro aspecto de esta tecnología es el efecto que producen las radiofrecuencias armoniosas cuando impactan las moléculas de aire. Las moléculas se excitan y emiten electrones cargados negativamente que se combinan fácilmente con hidrógeno y oxígeno para producir moléculas de agua. Pero aún más profundo es el hecho de que este tipo de ondas de radio también transporta iones con carga positiva a través de la ionosfera a la magnetosfera.

Los iones cargados positivamente quedan atrapados en los cinturones de Van Allen, viajando entre Aurora Boreal y Aurora Australis, justo donde tenemos agujeros en las capas de ozono. El freón, el asesino del ozono, por su naturaleza se disipa rápidamente. Esta cualidad inherente es una contradicción con el concepto de que una concentración de freón está creando agujeros en las capas de ozono en los polos norte y sur. Sin embargo, cuando las ondas de radio golpean precipitados de freón ya inestables, son tan reactivas que no pueden avanzar y disiparse en la magnetosfera.

La confirmación de la tecnología de modificación del clima fue revelada por primera vez en un artículo que apareció en la edición del 11 de septiembre de 1989 del Washington Post.

Sistemas

El proyecto de modificación del clima ruso se conoce como el sistema de Pájaro Carpintero. Consiste en la transmisión de ondas de extrema baja frecuencia (ELF) en aproximadamente 10 Hz utilizando transmisores Tesla en Angarsk y Khabarovsk en Siberia, Gomel, isla Sakhalin, y otra en Riga, Letonia, que se trasladó a Cuba, 20 millas al sur de La Habana, entre Quivican Guira de Melena. En un momento dado, esta instalación en Cuba fue operada por menos de 200 militares soviético, actualmente menos rusos y mas militares cubanos. Esta instalación pertenece ahora al gobierno cubano, con la cooperación de personal ruso.

Estas instalaciones en Cuba se pueden ver fácilmente desde la distancia, ya que tienen muchas antenas de 300 pies o más de altura. Estos transmisores de Cuba generan transmisiones electromagnéticas que producen una red escalar ELF sobre los Estados Unidos. Esto se hace transmitiendo estas ondas escalares de baja frecuencia en pares para que converjan en un punto predeterminado en la superficie de la tierra y provoquen una interrupción de la dinámica normal de atmósfera terrestre. Esta tecnología se puede utilizar para alterar el curso de las corrientes de aire en el plano horizontal y establecer una especie de barrera capaz de hacer una especie de barrera para los detener o prolongar el tiempo de los fenómenos meteorológicos.

El sistema de Cuba tiene el potencial de alterar el campo magnético dentro de un radio de 450 millas a su alrededor.

Ejemplos Conocidos

La prolongada sequía de California a fines de los 80 fue causada por una enorme cadena de alta presión a 800 millas de la costa de California que permaneció inmóvil durante largos períodos de tiempo, bloqueando el flujo habitual de aire húmedo proveniente del Pacífico y empujando las tormentas hacia el norte . La evidencia sugiere que esto posiblemente fue causado por el pájaro carpintero que genera ondas ELF en pie desde Siberia y Cuba para bloquear el flujo de patrones climáticos normales.

Este fenómeno de centros de alta presión de larga duración no se limita a producir sequía. En 1993, la región del Medio Oeste experimentó graves inundaciones como resultado del período más lluvioso en esta área en particular, ya que el registro de precipitaciones comenzó en 1876. Esta inundación fue nuevamente el resultado de lo que los meteorólogos llamaron un patrón de bloqueo.

La evidencia sugiere que esto posiblemente fue causado por las instalaciones de Quivican-Guira de Melena en Cuba. Otros ejemplos son los períodos de sequía y los períodos de inundación en América Central, y la sequía de 2000/2001 en California.

GWEN

Un sistema similar existe en los Estados Unidos. Se llama GWEN, Ground Wave Emergency Network. Esta red también fue construida con la intención de ser utilizada como un sistema de comunicación de emergencia que no sería interrumpido por pulsos electromagnéticos durante un ataque nuclear.

Ref:

Angels Don't Play This HAARP, ISBN-0-9648812-0-9, by Dr. Nick Begich
Washington Post, September 12, 1989 edition
Between Two Ages, by Zbigniew Brzezinski

Éste y otros excelentes artículos del mismo AUTOR aparecen en la REVISTA GUARACABUYA con dirección electrónica de:
www.amigospais-guaracabuya.org

Capítulo # 3

Rusia emplaza misiles en el puerto de Mariel

"Si hay humo, hay fuego". Desgraciadamente, los hechos demuestran claramente que la subversión enemiga ha llegado a un nivel tan alto que estamos inoculados con tantas leyendas y mitos, que ya las creemos como ciertas, somos incapaces de percibir que está sucediendo en nuestro medio más íntimo, como en nuestra familia, en la escuela de nuestros hijos, en nuestras Iglesias, en los medios de comunicación masiva, en nuestro Congreso, en los candidatos al servicio público, en nuestra contra inteligencia. Despertemos ya, que se hace tarde.

OFFENSIVE MISSILE READINESS (Figure 2)

<u>General</u>

1. The available evidence clearly indicates that the field-type MRBM sites are for the SS-4 (SANDAL) 1020 nautical mile ballistic missile system. All of the essential elements of this system have been identified: canvas-covered missile transporters, launch stands, erectors, oxidizer and fuel trucks, cabling, theodolite stations, power generators, and communications equipment.

2. The evidence also clearly indicates that the Guanajay and Remedios sites are for a different missile system than that employed at the field-type MRBM sites. The pad design, size, and separation are compatible with what are believed to be IRBM installations in the USSR.

<u>MRBM (1020-nm) Sites</u>

Si hurgamos en el pensamiento de Ronald Reagan y Margaret Thatcher, y se hacen importantes hoy porque es la misma amenaza, "México será nuestro próximo Irán". Dijo Tragan y hoy también es una amarga realidad. Para algunos esto no es sorpresa, pero, para estos "algunos" no hay espacio, ni atención y seguimos corriendo hacia el abismo.

La Base de Contenedores del Mariel.

Cuba con "supuestas inversiones fraudulentas de Brasil", construyó la base de contenedores en el puerto de Mariel que no tienen uso comercial, el rastreo del movimiento de barcos mercantes impone resultados absolutamente ridículos, lo cual demuestra que su principal función no es comercial.

Como "manto sacratísimo", nos insuflo la imagen de grúas, contenedores de mercancía y barcos mercantes. Una campaña propagandística de las ventajas económicas que traería a Cuba y la ruina del puerto de Miami que iría a la bancarrota por la competencia.

Sin embargo, durante y después de la Crisis de los Misiles en octubre de 1962, Cuba ha mantenido armamento nuclear de diferentes tipos y este escudo le ha permitido sobrevivir al régimen, por lo tanto, no resulta una sorpresa que dado el valor estratégico de la posición y la permanente tendencia de los rusos de mantener la hegemonía no solo sobre la Isla, sino sobre todo el continente europeo, Cuba representa un alto valor de cambio en negociaciones futuras y siempre con la leyendas de la "soberanía" y el liderazgo impugnante de Castro, ha prevalecido la negación a la inspección internacional "in situ" del territorio, que no debió ser aceptada jamás.

Para detectar los niveles de contaminación radioactiva por el peligro de la contaminación para la población cubana y como señal inequívoca de la existencia misma de los diferentes tipos de armamento que existen y que por más de 50 años han desarrollado técnicas de ocultamiento subterráneo o enmascaramiento.

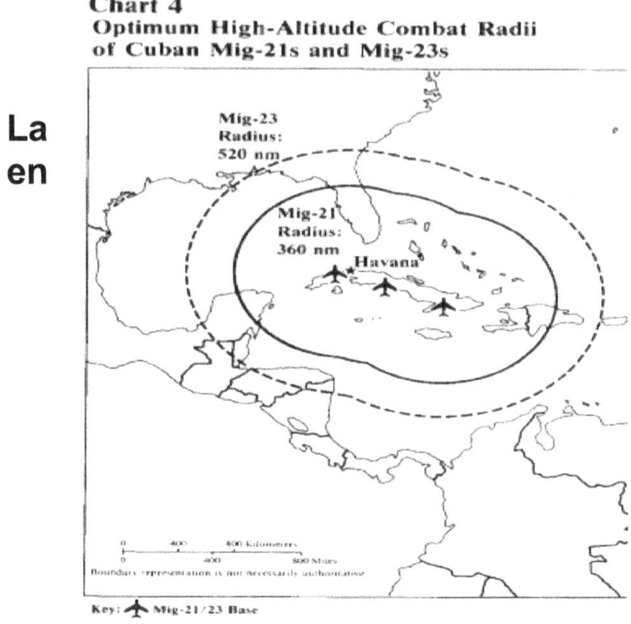

La ausencia de embarcaciones en el puerto del Mariel es típica…no es solo reflejo del estancamiento económico, conociendo las motivaciones del sistema, no es extraño su objetivo puramente ofensivo. Recientemente Putin expuso hipotéticas imágenes de la destrucción nuclear de la costa oeste de la Florida. Nos alerta y la señal del enemigo no se ha tomado en cuenta para imponer un bloqueo total a la isla, de inmigración temporal, económico con detener el envió de dinero, comunicaciones, etc.

Con las armas que públicamente se conocen de Cuba, tienen alcance desde su territorio al hasta los países vecinos del Caribe y todo el estado de la Florida. USA

Cada día esta incógnita sumamente peligrosa para todo el planeta de la existencia de armamento nuclear en Cuba, es una realidad que se ha hecho un dolor anestesiado.

William Casey, cuando fue Director de la CIA dijo en su discurso en el World Business Council en San Antonio Texas y publicado en el Washington Post .

"Hoy, quería hablarles sobre la guerra de subversión que la URSS y sus satélites hacen contra Estados Unidos y sus intereses alrededor del mundo desde hace un cuarto de siglo o más. Esta agresiva campaña subversiva nos ha privado de muchos aliados y Gobiernos amigos y nuestra seguridad está amenazada en el vecindario, como también lo está en Europa, Asia, África y América Latina. Esto no es una guerra no declarada. En 1961 Nikita, entonces líder de la URSS, nos dijo claramente que el comunismo iba a ganar no solo a través de las armas nucleares, pero, si a través de los "movimientos de liberación nacional" alrededor del mundo. Nosotros rechazamos creerle.

Pero también en 1930 estuvimos rechazando creerle a un Hitler seriamente cuando nos puso en "Mi Lucha" (Mein Kampt) que El podría tomar a Europa.

La Unión Soviética y Cuba han establecido una cabeza de playa para subvertir el resto del continente, como lo están haciendo, Nicaragua ha subvertido el resto de Centro América, como lo hace en Venezuela, México, Colombia, Chile, Brasil, Angola, Etiopia, Mozambique, etc."

Todo parece indicar que la subversión enemiga, ha calado tanto que los funcionarios del Departamento de Estado quienes piensan que los ciudadanos de Estados Unidos, su pueblo, es una institución de caridad publica y además con traumas de "sentimientos de culpas de crear caos y genocidios" como nos pintan nuestros enemigos, la asimilación de estos preceptos se ha hecho casi unánime".

Doctrina Monroe fue un enfoque apropiado para la seguridad de todo el continente, pero el paternalismo caritativo de Estados Unidos no ha resultado, no ha rebotado con agradecimiento, sino con un abuso cínico de las bondades, criticas, y la siembra de la enemistad.

Figure 3
Range of SS-20 From Hypothetical Bases in the Soviet Far East

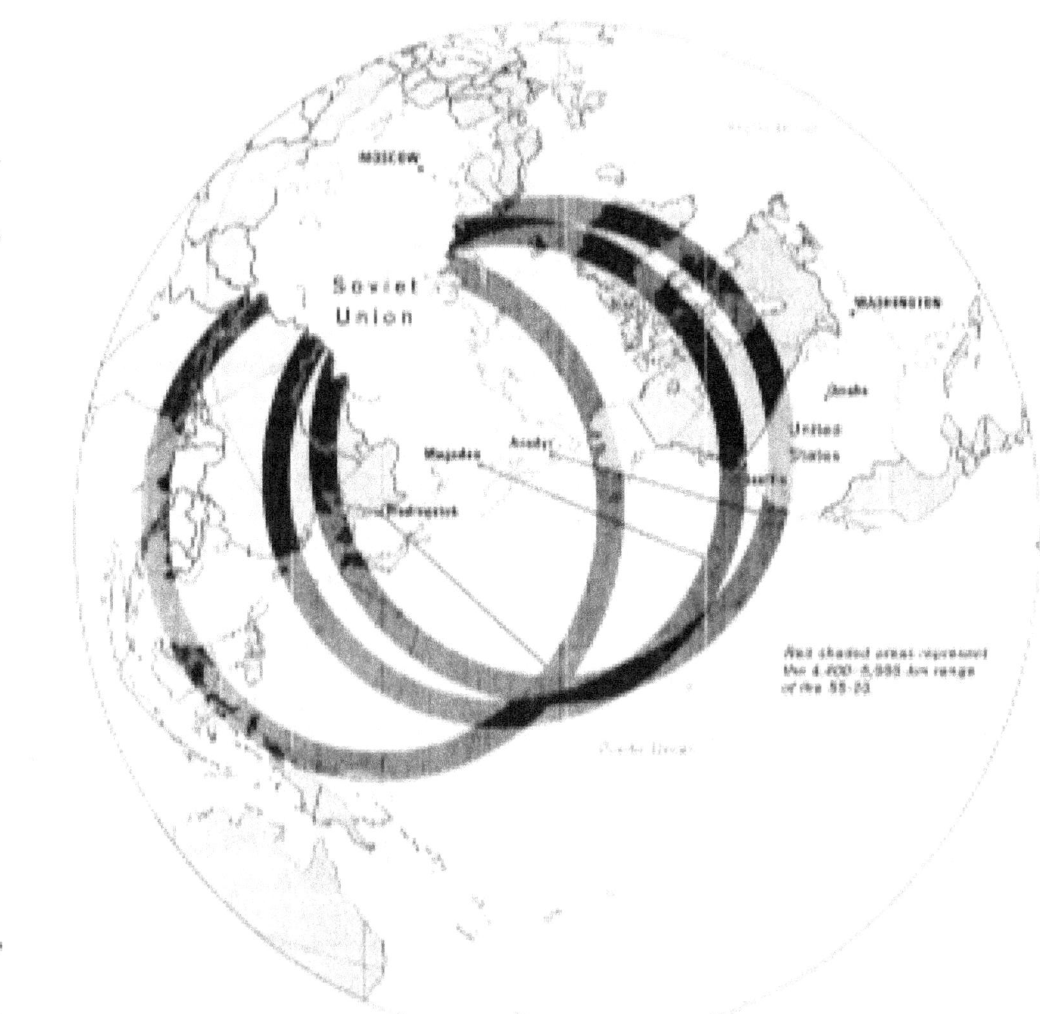

MOSCOW
Soviet Union
WASHINGTON
Omaha
United States
Magadan
Anadyr
Vladivostok
Red shaded areas represent
the 4,400-5,000 km range
of the SS-20.

NEW YORK POST
11 March 1982

SOVIET NUKE WARBASES IN CUBA

Sites being readied for subs, jets, says report

By NILES LATHEM N.Y. Post Correspondent

WASHINGTON — The Soviet Union is building bases for nuclear submarines, strategic bomber planes and chemical weapons in Cuba in a steady and flagrant violation of 1962 accords signed by the Kremlin in the aftermath of the missile crisis, The Post has learned.

La superioridad de Rusia con el emplazamiento de misiles en Cuba es significativa, como podemos observar en este hipotético mapa trazado por los cálculos del alcance de los misiles SS-20 si los comparamos con los mismos misiles emplazados en territorio ruso. Desde su territorio solo podría alcanzar a North Dakota y el estado de Washington.

Si los misiles fueran lanzados desde Cuba, drásticamente alcanzarían el 100% del territorio de toda la América. Es Algo que la opinión publica debía conocer y las Organizaciones intergubernamentales deben tener en Cuenta para presionar a Rusia y Cuba para abandonar esta política de imposición del yugo comunista en Cuba por una amenaza continental de destrucción nuclear.

Cuba

18. The Soviets almost certainly have considered deployments of nuclear weapons in the Western Hemisphere; Cuba is the only feasible location. Neither Grenada nor Suriname is an attractive staging area for Soviet ballistic missile submarines, or for land-based ballistic or cruise missiles, in view of the limited infrastructure and the vulnerability of those countries to any US military response. The Soviets probably consider Nicaragua equally unattractive for the same reasons.

19. The Soviets could encounter difficulty in enlisting Fidel Castro's cooperation for any effort involving Cuban territory that ran a risk of confrontation with the United States. But Moscow would use its considerable leverage and give assurances about protecting Cuba's security. In such circumstances, Castro probably would acquiesce, even if reluctantly.

Probes in Cuba

20. Short of a decision to actually deploy nuclear weapons in Cuba, the Soviets could take ambiguous steps to demonstrate that this is a live option, steps they could reverse without appearing to back down. Some of these could also be used as preparations for implementing a nuclear weapons option later on. These moves might include:

— Significant improvements to air defenses in Cuba, which could include the introduction of Soviet-manned SA-5s, new air-interceptor fighters, possibly the airborne warning and control system (AWACS), and possibly the SA-X-12.

— Introduction of additional Soviet troops into

De acuerdo con el alcance los SS-20 en emplazamiento del Hemisferio occidental, Cuba es la posición óptima. Si Estados Unidos decide atacar a Cuba, sus características geográficas facilitan una defensa muy favorable, dado los diferentes tipos de costa, montanas, valles y sus mares facilitan el acceso de submarinos.

La instalación de misiles balísticos en Cuba tiene la posibilidad de chocar con las acciones de confrontación de defensa anti cohetería que pueda tomar Estados Unidos, pero aun considerando este riesgo, Cuba ofrece siempre la mejor posición posible en todo el hemisferio.

Los SS-20 emplazados en territorio ruso.
La comparación con el emplazamiento en el extremo Este de la Siberia, el costo y las dificultades en el mantenimiento de la técnica contra el clima, por supuesto el mejor emplazamiento es el Sur de los Estados Unidos.

En los años 80, la Inteligencia de EU dedujo un emplazamiento de armamento nuclear en Cuba porque le precedió un reforzamiento de la capacidad en defensa antiaérea, con los misiles antimisiles SA-X-12 y los Mig-27, cazabombarderos con un radio de acción suficiente para penetrar más profundo con armas nucleares en territorio americano.

Es importante saber que los rusos han burlado los conceptos de las armas defensivas y ofensivas, ellos han convertido los misiles antiaéreos en misiles balísticos con capacidad de una carga explosiva de más de 300 kilogramos, por lo tanto, pueden cargar explosivos nucleares de 0.6 megatones.

Es bueno saber, "los "ojos y oídos" de Estados Unidos están en la Dirección de Operaciones   de la CIA y quienes nos defienden de los peligros que no vemos, ni oímos: es el nuestro amado FBI, a través de su sistema de Contra Inteligencia quienes nos defienden de quienes tratan de penetrar nuestras agencias de Inteligencia y militares para obstruir en nuestras defensa.

Desafortunadamente, este importante eslabón defensivo, por mucho tiempo ha estado en manos de nuestros sutiles enemigos. Con la benevolencia de la duda, pudiéramos pensar que han padecido de corta visión y oídos sordos. Baste conocer los resultados del desempeño de James Jesús Anglenton, John Bremen, Robert Mueller y James Comie, Bernard Barker, etc.

Empezando por la pérdida de Cuba como vecino leal con lazos históricos de fraternidad mojada con la mejor sangre de ambos países. Después la perdida de Irán aliado en todas las esferas y balance de un sector importante del mundo, de la noche a la mañana se transformó en un enemigo con un alto costo de en vida en Kuwait, Iraq, Siria, Yemen, Afganistán, Libia, Egipto, Yemen del Norte, etc.

El cercano México, desde hace muchos años, nos vienen "señales de humo" con una política de introducción
exagerada de sus ciudadanos en territorio americano, que se convierten de hecho en una "invasión" como lo hizo Cuba en mayo de 1980. Ellos saben que esto es para crear un desbalance político, económico y social con consecuencias negativas en todas las esferas.

El Departamento de Estado parece estar aferrado a permitir todo lo que dañe a los Estados Unidos, históricamente ha jugado este papel protagónico con mucho "orgullo" y persistencia.

El próximo país que nos va a sacer los "dientes" de manera terrible, auguro será el Canadá, quien ha sido sometido durante muchos años a una fuerte campaña de subversión política y cultural desde Cuba y como todos sabemos su liderazgo está comprometido con la izquierda por razones obvias y hace todo lo que puede en "contra de quien ha dependido en todo", por muchos años.

Llegamos a la conclusión que México, Canadá, Cuba y Venezuela siguen empujando y abusando de la benevolencia de Estados Unidos, porque han probado que tienen mucha holgura para hacerlo y no han tenido que pagar las consecuencias de sus inamistosos y continuados gestos hostiles.

Si tenemos en cuenta que la defensa del Canadá corre bajo el auspicio de Estados Unidos. Su frontera Norte está a tiro de piedra de Rusia y su Siberia, siempre incierta a través del Círculo Polar Ártico. Por supuesto por su disposición favorable a la izquierda ellos no se sienten muy afectados por lo que pueda hacerles Rusia, la que cada día se acercan más políticamente.

El Departamento de Estado y sus funcionarios nunca aplican los principios de la reciprocidad en las relaciones diplomáticas y jurídicas con otros países y las consecuencias son desbastadoras para la nación y el control de la opinión pública sobre esto que se carga sobre el Congreso, de manera integral parece no muy consciente del problema.

- **Tráfico Marítimo del puerto Mariel**

Prácticamente, no existe movimiento comercial alguno en el puerto del Mariel.

Todo ha sido una "maskirovska" o "una jugada sucia con una sonrisa" para que Rusia emplace los misiles de mediano alcance dentro de los contenedores y los transportes   ocultos a cualquier lugar del país en barcos, trenes, o camiones. Aclaramos que estos misiles fueron diseñados para ser emplazados dentro de los contenedores.

Si no existe tráfico marítimo en este puerto, para que están estos contenedores en el puerto. Las informaciones que llegan nos reportan que los contenedores se mueven algunas veces por extranjeros hacia los almacenes subterráneos de "alimentos para los hoteles de lujo"

Con la apariencia de una base de contenedores, es una base militar compleja con drones, radares, misiles antiaéreos para la defensa del emplazamiento con sus equipos de control, comando y orientación que están dentro de los contenedores y pueden ser transportados secretamente como contenedores de mercancías, en camiones civiles, barcos mercantes, ferrocarriles o en áreas de almacenamiento convencional, pero listo para ser disparados contra los Estados Unidos.

- **Datos Técnicos de los Misiles Rusos**

Sistema de misiles en contenedor rusos se le conoce como el 3M-54 Club-K. Grafico artificialmente fabricado. Pero es una muestra

de cómo funciona el sistema de cohetería enmascarado dentro de un contenedor común.

Los sistemas rusos 3M-54 Kalibr y 3M-14 Biryuza, Turquesa (nombre en clave de la OTAN SS-N-27 Sizzler) pueden también ser lanzados por buques de superficie y por submarinos fueron desarrollados por el Novator Design Bureau (OKB-8)

Los misiles rusos escondidos dentro del contenedor como portadores nucleares son ilegales de acuerdo a los tratados internacionales.

Datos tácticos y técnicos de:

Código: 3M-14 / Klub-A / Caliber-NK 3M14E (SS-N -30) 3M14E / P-900 Kalibr 3M14EE / TE / P-900Kalibr

Misil Alcance 2.500 Km. (1500 millas)

El 3M-14, parte de la serie Novator's Club-A del contratista ruso, es un misil de crucero terrestre. La variante de ataque terrestre está diseñada para atacar objetivos reprogramados, como puertos marítimos, aeródromos y puestos de comando. El misil 3M-14AE tiene un alcance de 300 km.

En Siria, cuando se lanzó desde el Mar Caspio, estos misiles hicieron blanco a 1.500 km. Trabajando con las fotos de los lanzamientos de estos misiles, queda claro que los misiles tienen un tamaño de lanzamiento de aproximadamente 8 metros, similar a los misiles de crucero 3M10 "Granada", que ya están en el arsenal de la Marina de Guerra rusa desde 1980.

La última versión de misiles se designa como el 3M14 y forman parte del complejo de armas de fuego "Calibre-NK". Los misiles Klub son versiones de rango reducido de los sistemas Kalibr que se pueden exportar sin violar el MTCR. El 3M14E (E para exportación) Klub es una versión de rango reducido (~ 300 km) del Kalibr 3M14, pero parece que puede ser extendido su alcance porque Rusia ataco a Siria (con un alcance de 2.000 km).

Control Internacional de los Misiles

Existe un Tratado conocido como Régimen de Control de Tecnología de Misiles (RCM) es un acuerdo multilateral de control de exportaciones. Es una asociación informal y voluntaria entre 35 países para prevenir la proliferación de misiles y tecnología de vehículos aéreos no tripulados capaces de transportar cargas superiores a 500 kg durante más de 300 km.
El régimen de control de la tecnología de misiles (RCTM) fue establecido en abril de 1987 [1] por los países del G7: Canadá, Francia, Alemania, Italia, Japón, el Reino Unido y los Estados Unidos de América. El MTCR fue creado con el fin de frenar la propagación de sistemas de entrega no tripulados para armas nucleares, específicamente sistemas de entrega que podrían

transportar una carga útil de 500 kg a una distancia de 300 km. 35 países son miembros de MTCR.

- ¿Legal o Ilegal?

Cuba no es miembro, ni este tipo de armas está permitida, en especial si esta oculta y bajo el control de un tercer país, en este caso Rusia.

- Tráfico Marítimo

El monitorear por medio de la Internet el tránsito de barcos mercantes en todo

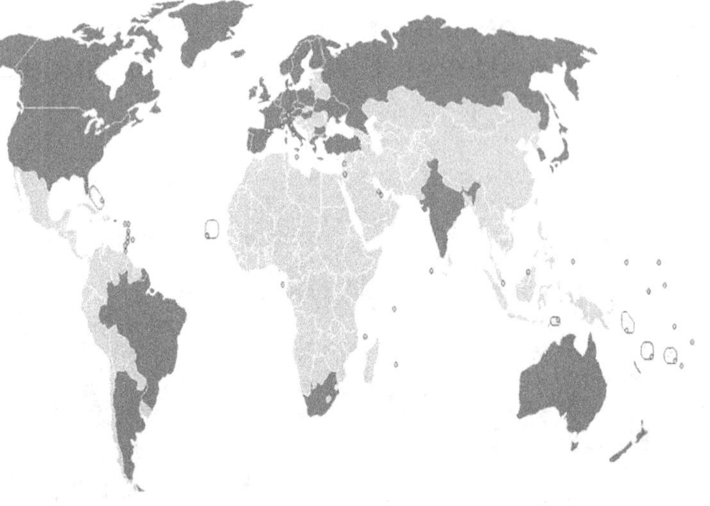

el planeta permite saber qué cantidad de barcos, que contienen, de donde vienen y cuáles son los próximos destinos. Esto nos facilita el conocimiento de que el puerto del Mariel no tiene movimiento de carga porque no lo visitan barcos mercantes.

Existen testimonios de vecinos del lugar de la fabricación de instalaciones subterráneas, y el supuesto uso que dicen tener como el almacenamiento de alimentos para la industria turística. En la zona no trabajan cubanos y tampoco observan movimientos de mercancía. Según las fuentes consultadas. Vecinos del Mariel.

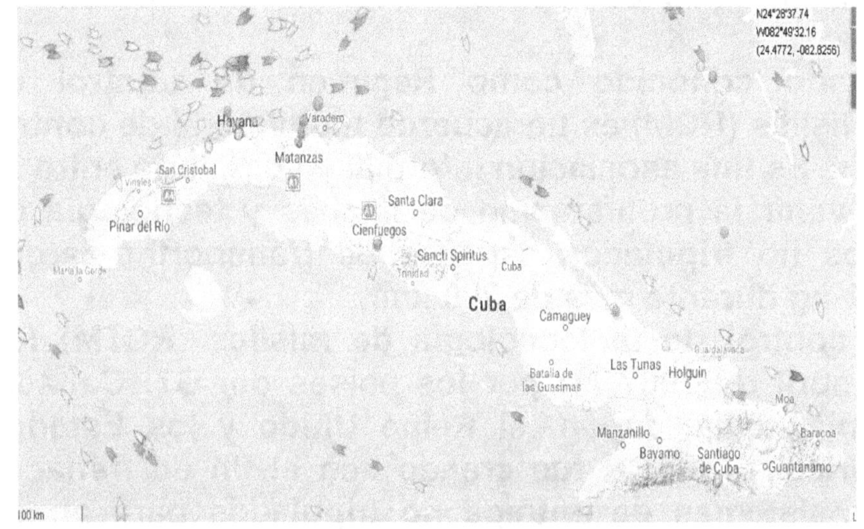

Cualquier persona interesada puede saber diariamente cuantos buques llegan a los puertos cubanos o de cualquier país, gratis a través de algunos de los website que a continuación les relaciono.

Las posiciones reportadas de los barcos mercantes prestos a llegar o salir de los puertos cubanos es mínimo, estos son los Mercantes reportas sus posiciones en las últimas 24 horas.

Los barcos mercantes están ausentes en los puertos cubanos. Mariel. Hoy es junio 25/2018. Vista de satélite tomada gracias a www.marinetraffic.com

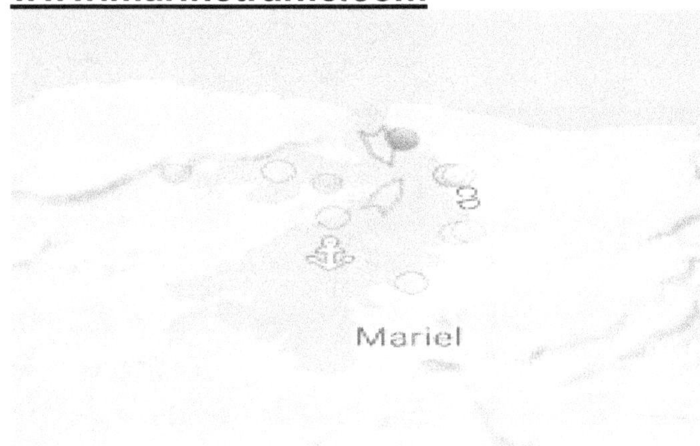

Puerto Mariel Cuba. Reportado hoy Jun/26/2018: Un tanquero de petróleo y el remolcador del puerto. Otras embarcaciones menores son nacionales, Marina de Guerra y Guarda Fronteras.

REF:

Marine Traffic: Global Ship Tracking Intelligence | AIS Marine Traffic
https://www.marinetraffic.com/
Marine Traffic Live Ships Map. Discover information and vessel positions for vessels around the world. Search the Marine Traffic ships database of more than...
Vessel Finder: Free AIS Ship Tracking of Marine Traffic
https://www.vesselfinder.com/
Vessel Finder is a FREE AIS vessel tracking web site. Vessel Finder displays real time ship positions and marine traffic detected by global AIS network.
Top 3 Websites to Track Your Ship - Marine Insight
https://www.marineinsight.com/know-more/top-3-websites-to-track-your-ship/
Vessel Tracking & Monitoring | ORBCOMM
https://www.orbcomm.com/en/industries/maritime/vessel-tracking
The. Fishing boats, merchant marine fleets as well as ocean buoys travelling global waters. ... Send real-time weather and safety alerts to crews at sea. Track vessel location to comply with Long Range Identification and Tracking (LRIT) and Ship...
[PDF]Legal aspects of maritime monitoring & surveillance data - European...
https://ec.europa.eu/.../sites/.../legal_aspects_maritime_monitoring_summary_en.pdf
monitoring and surveillance takes place against the background of the sea, and the ... international voyages, cargo ships of 500 gross tonnage and above and ...
BigOceanData - Vessel tracking & management software, AIS reporting
www.bigoceandata.com/
www.planet.com/markets/maritime/
Monitor Earth's oceans, open waters, and seas every day. Track moving vessels and ... Fishing boats; Cargo ships; Oil tankers; naval vessels. Transshipments...
Live AIS Vessel Tracker with Ship and Port Database

Documento CIA	SUPPLEMENT 6	TOT SECRET
Desclasificado		2009/08/04
CIA-		

TO

JOINT EVALUATION OF

SOVIET MISSILE THREAT IN CUBA

PREPARED BY

Guided Missile and Astronautics Intelligence Committee

Joint Atomic Energy Intelligence Committee

National Photographic Interpretation Center

James   Comie
Comiehttps://www.google.com/search?q=james+comey+biography&rlz=1C1CHBF_enUS799
US799&oq=James+Comie+biogra&aqs=chrome.1.69i57j0.18408j1j8&sourceid=chrome&ie=U
TF-8
Aldrich Aims
https://www.google.com/search?rlz=1C1CHBF_enUS799US799&ei=Mf6cW83FLMGb5gLRjJrY
Aw&q=aldrich+ames&oq=ames+cia+robert&gs_l=psy-
ab.1.2.0i71l7.0.0..56185...0.0..0.0.0.......0......gws-wiz.hk56lrC6AQ4
Bernard Barker "Macho"
https://www.google.com/search?q=bernard+barker+CIA&rlz=1C1CHBF_enUS799US799&oq=
bernard+barker+CIA&aqs=chrome..69i57.10513j1j7&sourceid=chrome&ie=UTF-8
Robert Mueller
https://www.google.com/search?rlz=1C1CHBF_enUS799US799&ei=kv-
cW7D1CsyD5wLWv5zoBw&q=robert+mueller&oq=+rober+Mueller&gs_l=psy-
ab.1.0.0i10l10.97142.102788...115631...1.0..0.106.889.12j1......0....1..gws-
wiz.....6..0j35i39j0i67j0i131j0i131i20i264j0i131i20i263i264j0i20i264j0i20i263.PtZyXMDb3l4

Capítulo # 4

Rusia/Cuba "convoca" a los tiburones a las playas

El régimen de Castro ha diseñado equipos electrónicos que llaman y orientan a los tiburones a las playas de los Estados Unidos para crear pánico y daños a la industria turística.

Mejor imagen no podría haber para comunicar perceptualmente este mensaje: un tiburón agresivo, con la piel del oso ruso y Putin de jinete riendas en mano para guiar las fauces del tiburón. Realmente esto no es humorístico porque cientos de personas mueren y otras quedan severamente lesionadas por los ataques de tiburones en las playas. Las Estadísticas de los ataques son elocuentes por sí mismo.

Antecedentes:

Por el comportamiento inusual y sin justificación porque no tiene fines alimenticios, no intervienen cambios ambientales, no hay cambios físicos o químicos en las corrientes marinas.

• La red de espionaje de Cuba en Puerto Rico encabezada por Alfonso Silva Lee, biólogo marino, tenía la misión de introducir un virus para crear una epidemia en la población de Puerto Rico y culpar a la Marina de los Estados Unidos por el uso de químicos en los explosivos de los misiles que lanzaban los aviones en las prácticas en la costa y en la playa de Vieques. Trabajo de preparación previo que las organizaciones liberales y el Partido Demócrata había llevado a cabo desde años antes.

El laboratorio y el depósito estaban ubicados en el rancho "Las Delicias" en la provincia de Ponce, Puerto Rico.

La red de espionaje cubano escapó a Cuba antes de la acción del FBI. Silva ahora es director del Acuario de Miramar en La Habana.

Caribús está aquí y allá…en Miami y en Cuba

Carisub es una empresa civil anexa a la Dirección de Tropas Especiales, un grupo de elite militar para la misión de apoyo a la Inteligencia en todo el planeta.

CariSub bajo la Jefatura del Tte. Coronel Mikel Montañez de Tropas Especiales en coordinación con el Instituto de Oceanografía bajo la dirección del Doctor Darío Guitart, un reconocido experto en escualos, estuvieron investigando sobre la forma de atraer tiburones y picúas (barracudas) a un punto específico, para crear zonas peligrosas por la década 70-80, su objetivo inicial era defender de incursiones comando en la Playa de Viriato que era el acceso casi inmediato al Punto Cero (Complejo Residencial de Castro).

Los biólogos marinos del Instituto logran conseguir la frecuencia capaz de atraer a los tiburones, considerada la llamada de "emergencia" semejante a la que producen otros entes biológicos ante la presencia de los escualos, identificada esta frecuencia, necesitaban reproducir un instrumento autónomo para ser depositado en el fondo marino.

El resultado fue el equipo que emite señales electromagnéticas similares a las que emiten los peces más pequeños, cuando están siendo atacados por los tiburones. Por las características físicas que presenta el agua salina las ondas se mueven a grandes distancias, lo que es interpretado por los tiburones como existencia de presas en abundancia donde este el punto o foco de emisión de las señales.

El equipo tiene una fuente energética que brinda la energía consumida por un dispositivo que aprovecha el movimiento del mar, están programados para emitir la señal de manera intermitente y sincronizadas con otros equipos en la zona, simulando peces en pánico que están siendo devoradas por otros escualos en la zona, esto la interpretan como una señal de abundante alimentación, como los escualos llegan al punto de emisión confundidos porque sienten la señal pero no encuentran otras señales más específicas de los supuestos peces.

Los Estados Unidos y otros centros de turismo del Mediterráneo y África Occidental, que han sido visitados por los hijos de Fidel Castro y con personal de seguridad, que según la prensa asciende a 200 agentes de seguridad, pudieran también como tarea accesoria y justificada entre ellos atraer tiburones y así justificar que el insólito fenómeno de los tiburones en las playas floridanas, también está en otras lugares, así como hacer fluir los turistas a Cuba, donde el fenómeno no existe.

El espléndido yate, de Antonio Castro a nivel de bi millonarios como Bill Gate, utilizado por el hijo de Castro, debe ser una fachada para alguna actividad de terrorismo biológico, o narco trafico por Turquía, como recientemente se descubrió como puede ser la instalación de los equipos para atraer tiburones. De alguna manera, este yate debe estar justificado a los ojos del tío Raül y los primos que gozan de cierto poder ejecutivo en el área represiva. Sus travesías por el Mediterráneo son constante foco de atención de la prensa dedicada a la Jet europea

Este yate pudiera "justificarse" para uso de propaganda de los tabacos Cohíba, o la cocaína de Moa, las camisas Yumíri, o epidemias creadas en Biotecnología, que más pudiera hacer, quizás sea difícil encontrar a bordo del yate, alguno producto producido en Cuba.

El dispositivo electrónico fue desarrollado y construido en el Laboratorio-Taller del Buro de Investigación Científica y el Centro 3 (Fuerza Aérea de Cuba) alrededor de 1983-84 donde trabajé como Investigador Científico sobre la Aviación de Combate desde 1981-92. El autor del libro con mis compañeros de trabajo en el BIC, 1985.

- Una opinión anónima en la Internet sobre la empresa militar cubana CariSub.

CARISUB - El cofre del tesoro privado de Castro

"Estoy leyendo un libro titulado 'Silencio Muerto' de Randy Wayne White. Es parte de una serie de libros del autor que he disfrutado leyendo. El libro es ficción, pero, como toda ficción, está basado en la realidad. En la historia mencionaron a Carisub, una compañía de salvamento dirigida por cubanos que Fidel Castro creó hace muchos años para rescatar tesoros de restos de naufragios en toda Cuba. Debe ser agradable ser un dictador.

¿Alguien sabe de algún material en la empresa o cualquiera de los restos que salvaron? Me interesaría leer un libro sobre el tema si hay uno por ahí. ¿Sabe si alguno de los artículos encontrados ha ingresado al mercado?

Debe haber un escondite muy bueno en algún lugar de Cuba.

Gracias

NJ

World News Artículo publicado en THE SUNDAY TIMES el 28 de febrero. 1999

Los buzos buscan 500 galeones con tesoros

por Derek Baldwin. Havana

Este evento subacuático descrito como uno de los descubrimientos mayores de tesoros del mundo. Un equipo de buceadores se sumergió en las aguas cristalinas del Caribe la semana pasada en la búsqueda del primero de los cientos de galeones españoles que se hundieron frente a la costa de Cuba hace tres siglos o más, cargados con oro y plata saqueados de América Latina.

En un acuerdo sin precedentes con el presidente Fidel Castro, una compañía canadiense, Visa Gold, se ha ganado el derecho de excavar los restos de naufragios de coral en la costa noroeste de Cuba y alrededor de la pequeña Isla de Juventud, que se encuentra al sur.

Se espera que la aventura, que podría ser la más lucrativa de la historia marítima, descubra el tesoro más grande del mundo de oro y plata española hundida, pero también parece proporcionar nuevos conocimientos sobre las antiguas civilizaciones de los aztecas
Y los incas, cuyos artefactos fueron capturados y transportados a España en armadas de hasta 100 naves.

- ¿Desde dónde opera CARISUB dentro de los Estados Unidos?

El documento público del sitio web del condado de Miami Dade nos informa:

El motivo de esta

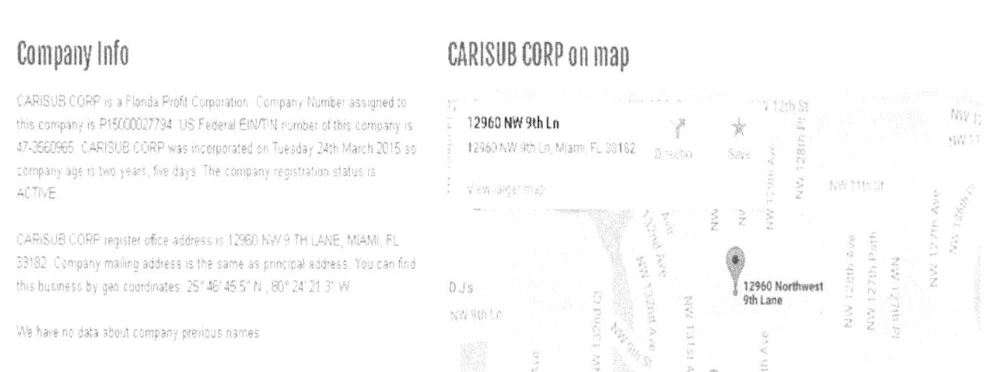

reunión de tiburones es... ¿dar las gracias a los Ambientalistas? Los biólogos no respondieron... Por qué están los tiburones en Asamblea en las playas de la Florida, North Carolina y California y cómo detener a los tiburones. Esta propaganda para la Corporación CariSub no ha sido pagada, es gratis.

12960 NW 9th, Lane Miami, Fl. 33192

CONCLUSIÓN

- **El CARISUB es la fachada, debajo tienen varias organizaciones non profit y realmente funciona como una red de terrorismo biológico de Cuba en Miami y representa el régimen de Castro. Están a cargo de instalar y mantener este dispositivo cerca de la costa. Todos oficiales de las Tropas Especiales**
- **En primer lugar asesinar cobardemente a ciudadanos norteamericanos indefensos.**
  - **El objetivo es crear la desmoralización y el terror en los EE. UU.**
  - **Crear el daño económico con la industria turística por la imagen peligrosa de las playas.**

Satíricamente hablando….el Emperador Alejandro Magno gustaba de domesticar sus caballos, ahora el Emperador Vladimir II Putin de Rusia gusta de domesticar tiburones en el Sur de la Florida…

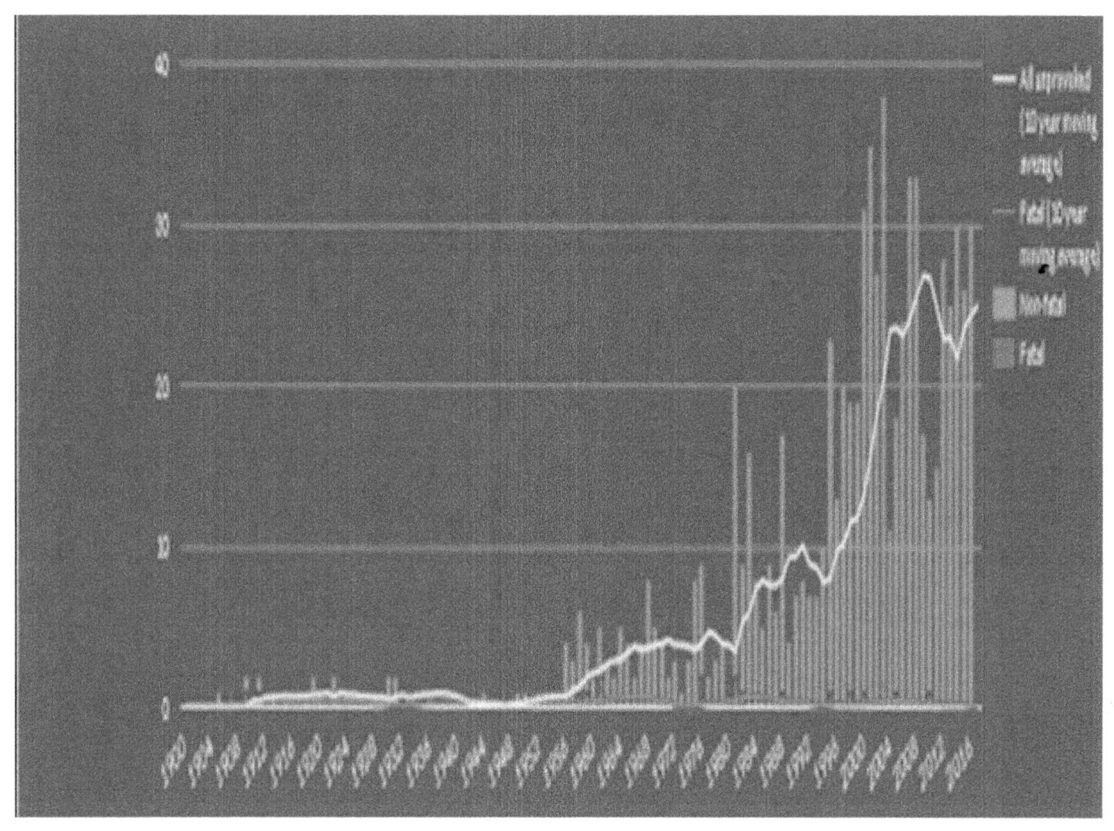

Ataques no Fatales y Evasiones   782

Fatales   326

Fatales Desaparecidos   36

Muertes total   362

Los 362 muertos es una cifra realmente alarmante de muertes en ocasión de ataques de tiburones. ¿Que esperamos del FBI?

Over 100 Sharks Lurking Near Orange Beach Alabama - Double RED Flag

FLORIDA ATLANTIC UNIVERSITY ESTIMATED

Florida Atlantic University estimated;

WOMEN BETWEEN THE SHARKS

Gusto de verlas por aquí!! -exclama el jefe de la manada de los tiburones a las senoras.

Thounsands of Sharks very close to the shores

Miles de tiburones….

SOURCES OF INFORMATION

- http://www.treasurenet.com/forums/general-discussion/262935-carisub-castros-private-treasure-chest.html (CariSub)
- https://www.youtube.com/watch?v=3KjZMqA7SyU&ab_channel=TheBrandNewWorld
- https://www.youtube.com/watch?v=WFJk-OUzqCE&ab_channel=Animalist
- https://www.youtube.com/watch?v=KuLwxpu7zFo&ab_channel=TheCosmosNews
- https://www.youtube.com/watch?v=kzr-NOxPhOM&ab_channel=MIKROFILMCHANNEL
- http://flcompanydb.com/company/P15000027794/carisub-corp.html
- Testimony and Opinion:
- Dr. Ed Prida
- Further information upon request contact me

Capítulo # 5

Cuba: Aliada a los musulmanes extremistas

Cuba ha fortalecido aún más sus relaciones con el mundo musulmán al nivel de permitir que se construya una mezquita en una ubicación central en la capital. Al contrario de la ideología marxista y la orientación atea. Más bien, este es un hecho simbólico para demostrar su unidad política con los terroristas árabes musulmanes. Irán y los musulmanes extremistas saudíes árabes están en Cuba.

Capítulo # 6

Cuba es el puente de Subversión Política y Cultural de los rusos

Cuba ejerce influencia a través de la subversión política y cultural utilizada en varios países como Angola, Congo, Sudáfrica, Mozambique, Etiopía, Perú, Chile, Argentina, Brasil, Guyana, Haití, Venezuela, Colombia, Jamaica, México, Santo Domingo, Nicaragua, Honduras, El Salvador, Haití, Puerto Rico, etc.

El objetivo a largo plazo es obtener primero un apoyo diplomático, y recompensado por créditos y ayuda técnica que genera además la dependencia económica con una deuda calculada, así llegan al control político y después el objetivo final, una base militar rusa contra los Estados Unidos.

Golpe de Estado en Portugal y después Angola

Cuba y la URSS coordinaron operaciones de Inteligencia dentro de las Fuerzas Armadas de Portugal, reclutando a 5 Coroneles, "honores para Pancho y Miriam" quienes cumplieron esa miserable misión, para dar el Golpe de Estado, conocido como la "Revolución de los Claveles" ". En abril de 1974. La Revolución de los Claveles que abre paso por la puerta ancha a Cuba en los eventos políticos de Portugal y sus colonias, Angola y Mozambique y un poquito tarde al gobierno socialista de Mario Soares .

Todo un Plan Subversivo desde la desmoralización, hasta la toma del poder…todo planificado, Portugal de un día para otro amanece con Comités de Trabajadores en los centros de trabajo, comités de vecinos. Persecución total a los ex miembros del gobierno y la prensa. La campana por la descolonización de Angola y Mozambique no se hizo esperar, inmediatamente los golpistas, aparecen en La Habana para ser bautizados por Fidel Castro y recibir instrucciones directas del Padrino. El objetivo era acelerar la descolonización para introducirse Cuba en nombre de la URSS en Angola como lo venía haciendo sin éxito en el Congo.

Todo obedecía a un plan desarrollado en casi 10 años, para que Moscú en 1974-75, Cuba le tomara un país en África y ellos establecieran una base Aero-Naval para sus operaciones en el Atlántico Sur.

Todo listo para la invasión militar de Cuba en Angola con la "apariencia de que era una iniciativa de Castro, haciendo alarde de su independencia de Moscú y hablando de un supuesto deber internacionalista por nuestra sangre latino-africana". Solo ha sido la siembra de muerte, miseria y odio, lo que mas puede corromper al ser humano.

Tropas de Cuba habían estado apoyando los movimientos insurgentes en Angola desde años antes y varios oficiales de alto rango habían muerto, otros habían sido prisioneros.

Después de la descolonización, Cuba instiga la lucha entre las tres fuerzas pugnantes por el poder, en vez de facilitar un proceso de integración democrático, Cuba selecciona solo uno de los tres movimientos que gestaban la Independencia de Angola, utilizando al Doctor Agostino Neto, comienza la guerra contra los demás angolanos, el supuesto líder es un médico desconocido y más domesticable, pero cuando cumplió su función, al igual que Hugo Chávez, "una incurable enfermedad" y lo llevan a Moscú para sacarlo del juego, después se sustituye por Eduardo Dos Santos, joven abogado preparado desde más de 10 años en Cuba y todo bajo control, sumiéndolo en la pútrida de prostitutas holandesas, drogas, y apertura de Angola a los consorcios petroleros y la exportación de diamantes a través solamente del Presidente de Angola y su hija con un total cierre a la agricultura, educación y salud. Sin embargo, Eduardo DosSantos se hizo famoso por ser el hombre mejor vestido del mundo, utilizaba los mejores sastres europeos, las telas mas caras y usaba cada traje solamente un dia. Su hija es asidua visitante de Baverly Hill donde se reúne con sus amigas estrellas de cine. Es un exacto ejemplo del sacrificio de miles de hombres y mujeres, cubanos y angolanos que lucharon por crear esta casta de privilegios y siembra de miseria para ambos pueblos. ¿Como hacer justicia?

En aquellos tiempos los ataques de Cuba contra Estados Unidos estaban en todos los frentes posibles, mas otros secretos…Fuerzas diplomáticas de los Países No Alineados contra Estados Unidos en Panamá, un bloqueo a Sur África por el Apartheith, Independencia para Angola, Mozambique, Namibia, Guinea Bissau, los Verdes en Europa Occidental, un movimiento mundial contra Estados Unidos basados en falsedades de las operaciones subversivas.

Por vía diplomática Cuba logra sacar a los Estados Unidos del Canal Panamá, sustituyéndolo por Irán y China con la División Woan Poa y una propaganda política en Naciones Unida para bloquear a Sudáfrica con el argumento antiapartheid.

La verdadera razón de la guerra en Angola fue el interés de la Unión Soviética de tomar el control del Cono Sur de África e instalar una base naval en Lobito para controlar la región del Atlántico Sur.

También este es el caso, Rusia apoya un régimen dictatorial en Siria porque, Rusia construyó una Base Naval en las costas mediterráneas de Siria para tomar el control del área Mediterránea. Como vemos todo es un juego de estrategia geopolítica.

<u>**Bases navales de Moscú:**</u>

-

Cuba (Mariel, La Habana y Cienfuegos), Egipto (Alejandría y Marsa Matruh), Libia (Trípoli y Tobruk), Túnez (Bizerta y Sfax), Siria (Latakia y Tartus), Yemen (la isla de Socotra y Aden), Yugoslavia

(Split- hoy en Croacia y Tivat -hoy en Montenegro). En otros países les bastaba con una, había otra cerca en el vecino país, como Argelia (Cherchell), Etiopía (en el archipiélago Dahlak - ahora bajo control de Eritrea), Guinea (Conakry), Angola (Luanda), Vietnam (Cam Ranh).

Moscú tiene bases militares en 11 países: En Ucrania, Moldavia y Georgia las tiene contra la voluntad de estos países.

El caso de Ucrania es extraño porque ahora, tras la anexión de Crimea a Rusia, en teoría, y por la vía de los hechos, la base de Sebastopol ya está en territorio ruso, antes la tenía arrendada. Parece ser que Rusia planea, incluso, desplegar armas nucleares. Se calculan en 13.000 efectivos los desplegados en la zona.

En Moldavia Rusia tiene su base en la región de Transnistria, donde la influencia de la base rusa es tan grande que, de hecho, se considera a Transnistria como un protectorado ruso.

En Osetia del Sur y Abjasia, territorios desgajados de Georgia tras la guerra relámpago contra Rusia de 2008, las respectivas bases rusas con efectivos de infantería, blindados, helicópteros y artillería antiaérea, les hacen funcionar como protectorados rusos. En la base de Gudauta (Abjasia) cuenta con 3.500 efectivos. En la base Tsjinvali (Osetia del Sur tiene 925 efectivos.

En Bielorrusia, con el consentimiento de las autoridades, Rusia creó en 2007 un dispositivo conjunto de defensa antiaérea, con un poderosa estación de radar. Además, desde 2015 se negocia la apertura de un aeródromo para cazas de combate rusos a 150 km de Minsk. Se calcula que tiene desplegados 850 efectivos.

Kirguistán alquila a Rusia una base aérea (Kant) en la periferia de su capital, Bishkek. Tiene unos 700 efectivos.

Más decidido y de mayor importancia parece el apoyo de Armenia, en la que los rusos tienen una base en Erebuni, junto a la capital, Ereván. En ella hay un aeropuerto y una escuadrilla de Mig-29. Tras el deterioro de relaciones con Turquía, la base de Erebuni se ha reforzado en hombres y helicópteros. Cuenta con más de 5.000 efectivos.

En Tayikistán, las bases rusas (en Dushanbe , Qurghonteppa y Kulab) son para ayudar en el control de su frontera con Afganistán y cuentan con 5.500 efectivos.

En Azerbaiyán cuentan con una base de radar, Qabala, con 900 efectivos.

En 2013 se firmó el acuerdo con Vietnam para la reapertura de la antigua base rusa en Cam Ranh. Se pretende que sirva de punto de abastecimiento para los submarinos rusos.

En Kazajstan Rusia tiene una pequeña fuerza desplegada, con un número de efectivos desconocidos, en Baikonur, para proteger sus instalaciones espaciales.

En Siria, Rusia cuenta con dos bases militares: la naval de Tartus y la aérea de Jmeimim

África
Un angolano entre los miles muertos por gases vesicantes esparcidos por Fuerzas Armadas de Cuba en Angola y denunciados en el Consejo de Seguridad de la ONU.

La subversión política de Cuba en América del Sur es la herramienta para introducir a Rusia como suministro de armas para las Fuerzas Armadas de Sudamérica, como lo hicieron en Cuba, Perú, Venezuela, Argentina, Brasil y México, es la última conquista en la que Rusia construirá una industria aeronáutica para abastecer de aviones de combate para México y otros países. Nos alegramos mucho que México y los demás pronto tengan los peores aviones que se fabrican en el mundo…

Castro's Covert Action in Mexico

Following the recent visit to Mexico by Fidel Castro's confidant, José Luis Padrón (see the last issue of *EIR*), the Cubans are stepping up the pressure on Mexico to maintain a stridently anti-U.S. position on Central America. Their efforts are enhanced by the fact that strategists of the ruling *Partido Revolucionario Institucional* (PRI) are planning to make anti-Americanism a driving theme in the campaign for the July, 1985 elections. *The climate is being created for a new wave of terrorist attacks on U.S. business targets in Mexico, and our intelligence sources report that the Cubans have renewed direct support to guerrilla networks inside the country.*

We are reliably informed that, in meetings with Castro and Manuel Piñeiro Losada (head of the Americas Department of the Cuban Communist Party) on his return to Havana from Mexico City, Padrón recommended aggressive measures to thwart any closer relationship between Washington and President Miguel de la Madrid. The new station chief of the Americas Department in Mexico City, Fernando Comas Pérez, was ordered to mobilize all available assets. Comas has been in frequent contact with Jesús Dávila Narro, the Undersecretary for Political Affairs in the Ministry of Government, and with PRI party officials. Our sources believe that his influence may be reflected in recent statements by President de la Madrid attacking the U.S. support for the contras in Nicaragua and the anti-U.S. position adopted by party leaders such as Irma Cue, who has replaced the conservative Francisco Luna Kan of Yucatan as secretary-general of the PRI. In private conclave with party officials over the past few weeks, Irma Cue not only assailed U.S. actions in Central America but called for a grassroots campaign to build voter support for the PRI by exploiting anti-U.S. sentiment.

Seven governorships - as well as every seat in the national legislature - will be at stake in the July 1 elections next year. Though PRI control is not seriously threatened, the party's strategists are planning to discredit the main opposition group, the conservative *Partido de Acción Nacional* (PAN) by linking it to the Reagan Administration and its policies in Latin America. A major effort is under way to try to obtain documentary evidence of covert U.S. backing for the PAN. Officials at the Mexican Embassy in Washington, the Mexican Mission to the United Nations in New York, and the various consulates, have all been instructed to help. Humberto Hernández, the PRI's Secretary for International Affairs and a leading figure on the party's left wing, has been charged with coordinating this effort. Mexico's relations with the United States will therefore be central to the next elections. Legitimate business dealings between PAN supporters and Americans along the northern border will come under intensive scrutiny and attack, especially in the states of Sonora (which has its gubernatorial election next year) and Chihuahua (where the governor's job falls open in 1986). The disinformation specialists on Fernando Comas's staff at the Cuban Embassy - which has been industrious in spreading fabrications to the Mexican press in the past - can be counted on to help produce apparent scandals.

New cover for Soviet spies

The recent decision by the Mexican government to approve the creation of a number of Soviet *"Friendship Institutes"* is another warning to the United States. The Soviets have long been pressing the Mexicans to approve the opening of a string of consulates in the north to provide diplomatic cover for cross-border espionage operations against the United States. The Mexicans have consistently refused, although last year - as first revealed in *EIR* - they allowed the Soviets to double their personnel at their consulate at Vera Cruz, where two-thirds of the staff are believed to have intelligence functions. Until now, the Soviets have largely relied on commercial covers for their border activities (for example, bookstores in Ciudad Juárez). Now the de la Madrid administration has provided the KGB with new opportunities.

It is revealing that the latest *"Friendship Institute"* to be opened is in Mexicali, the capital of the state of Baja California Norte. Just a few miles from the U.S. border, Mexicali is second only to Tijuana as a favorite stop-off for U.S. citizens in Mexico, and is an ideal location for Soviet case officers to make contact with agents working on the other side of the border. It is disturbing to contrast this development, under President de la Madrid, with the success of the country's security chiefs, under the previous López Portillo administration, in preventing the Soviet espionage apparat from establishing permanent bases in the north of the country.

Reviving the terror networks

The Cubans are pursuing a "two-track" policy in Mexico. In parallel with their efforts to influence the Mexican government through highly-placed agents of influence, they are again channeling support to guerrilla groups, including one that was involved in a planned uprising in 1970-71. Our intelligence sources say that Consuelo Solís Morales, widow of the guerrilla leader Genaro Vásquez (killed in the mountains of Guerrero in the early 1970s) is playing a key role as an intermediary. The Cubans are now supplying money and guidance to a revolutionary Mexican teachers' movement, the *Movimiento Revolucionario de Maestros* (MRM) and to the heirs and survivors of the *Comando Armado del Pueblo* (CAP).

Continued

Pero el interés principal, es tomar el poder en todos los países. Tienen tan baja calidad sus armamentos y ellos mismos lo saben, casi seguro ningún país en la Historia ha hecho semejante ofrecimiento, porque una fábrica de aviones de combate lleva una protección de contra inteligencia a los secretos tecnológicos, pero los rusos no tienen secretos porque saben que "su tecnología" ha

sido robada y ya de hecho no le interesa a los demás y mucho menos a Estados Unidos.

La calidad de sus aviones es pésima, el tiempo de explotación de los aviones rusos es corto, las reparaciones capitales son muy costosa, el consumo de combustible es muy alto, la carga de armamento es ineficiente, la seguridad de los pilotos de combate se considera como productores de viudas al por mayor, los pilotos venezolanos se negaron a volar los Mig-29 porque no les ofrecía la seguridad que tenían los F-16 americanos.

La dificultad mayor de la industria aeronáutica soviética descansa sobre tres puntos, la metalurgia la cual dado el nivel general del país nunca ha alcanzado lo necesario para producir metales y metaloides ligeros, resistentes y anti corrosivos.

La base de los diseños aeronáuticos rusos descansa en la teoría aerodinámica de Shuvkovski, quien aporto importantes formas de cálculo para las velocidades cósmicas, pero parece no ser efectiva en las velocidades de vehículos dentro de la atmosfera terrestre, y ellos se han mantenido absolutamente pegados a las formas de cálculos clásicos del legendario científico ruso del siglo XVIII. Los aviones soviéticos se caracterizan por la inestabilidad durante los vuelos, alto consumo de combustible, muy poca sustentación con relación a su peso, por lo cual la velocidad mínima para los aterrizajes es muy alta, lo que trae necesidad de estructuras muy pesadas para soportar el impacto del aterrizaje. La Aviónica es muy atrasada y pesada. Resulta en bajo rendimiento económico y táctico.

En los aviones fabricados por los soviéticos y rusos ha prevalecido un absoluto desprecio para la vida humana como extensión del su sistema político y han tratado muy a lo ruso en general la ciencia y la técnica dentro de la industria aeronáutica, dentro de los muchos ejemplos concretos hay uno que se destaca, el desprecio por el uso de los simuladores de vuelo, los que indiscutiblemente han aportado seguridad y eficiencia a la seguridad aeronáutica, no es posible evadir a Ronald Reagan quien todos desconocen como el precursor de estos equipos cuando en la Segunda Guerra Mundial, él sirvió como Capitán de la Fuerza Aérea y fue el fundador de los simuladores de vuelo para misiones de bombardeos en lugares donde no existía radionavegación y en condiciones meteorológicas que proporcionaban encubrimiento de las aeronaves, así se pudieron hacer bombardeos profundos en Alemania y Japón. Biografía de un americano. Ronald Reagan.

Aquí en América, Cuba podría hacer un cementerio solo para pilotos de combate que fueron derribados por la tecnología soviética.   Perú tiene un arsenal de museo de aviones y helicópteros rusos, así los dos Illushin Il-96 de Cubana de Aviación no llegaron a las 100 horas de vuelo y estarán en tierra de por vida, porque la fábrica cancelo la producción y tampoco existen motores sustitutos.

El siguiente paso es la "penetración en la esfera militar" con intensión de obtener información y reclutamiento de oficiales de alto rango para apoyar el golpe de estado izquierdista en la próxima etapa y tomar el poder, o elegantemente apoyar a un candidato presidencial como fue el caso de Perú con el presidente Ollanta Humala.

De hecho, Cuba es el tipo de "puente rojo" para introducir el poder ruso en Asia, África y América.

Ref.:
Amanecer en la Higuera de Braulio
The Pinochet File CIA
The Mitrokin Archive
La remoción de minas antipersona impulsa la recuperación de Angola...
www.undp.org/content/.../landmine-clearing-efforts-help-boost-ang...
El Programa de las Naciones Unidas para El Desarrollo (PNUD) ha... locales, formando a más de mil especialistas en desactivación de minas en El ... donde más del 70% de la población vive con menos de 2 dólares diarios.
BBC News
news.bbc.co.uk/hi/spanish/misc/newsid_7317000/7317594.stm

Mar 27, 2008 - En Angola se celebra "Miss Mina Terrestre", un concurso de belleza con sobrevivientes de minas antipersonales. ... Sobrevivientes de minas antipersonales participarán en un concurso ... fecha escogida por la Organización de Naciones Unidas para celebrar el ... Emplearán ratas para desactivar minas. La lucha contra las minas terrestres antipersonal y El esfuerzo...
https://www.icrc.org/spa/resources/documents/misc/5tdlhz.htm
 Por ello remover y eliminar las minas es un requisito sine qua non para.... A raíz de dicha iniciativa se creó el Fondo de las Naciones Unidas para... El 6 de octubre pasado fue declarado el día africano contra las minas antipersonales. ... la prohibición total de las minas antipersonal es: Argelia, Angola,...
Las minas antipersona siguen amenazando en silencio a los niños de...
https://www.guiaongs.org/.../las-minas-antipersona-siguen-amenaza...
El Fondo de las Naciones Unidas para la Infancia (UNICEF) advirtió que los restos de... las actividades de desactivación y desminado en todo el mundo. ... por la presencia de minas anti personales en Angola, Sudán,...
Tendencias: La secuela de las minas explosivas personales
www.el-nacional.com/.../tendencias-secuela-las-minas-explosivas-p...
El de las minas antipersonales y otros explosivos dispersos, sin... Angola, y Zimbabue han solicitado ... El Consejo de Seguridad de la ONU aprobó en junio de 2017 una ... El otro factor en juego es de orden económico: desactivar o detonar una mina, con la seguridad ...
Súper ratas para detectar las minas antipersona y la tuberculosis...
www.elmundo.es › Inicio › Ciencia
La ONU y el propio país designan las áreas de prioridad: las que tienen... Entre Mozambique y Angola hay 43 ratas que hasta ahora han conseguido desactivar 13.301 minas. Un técnico con una de las ratas que detectan minas.
https://www.shock.co/.../retratos-que-narran-el-drama-de-las-victim...
Jun 26, 2009 - ... mujeres y niños mutilados por el horror de las minas antipersonales, que... Sólo en Angola, Afganistán o Camboya quedan por localizar, desactivar y ... presentó en la sede de la Organización de Naciones Unidas (ONU), ...

¿Cuál es el costo de las minas terrestres? — BIBLIOTECA EN LÍNEA...

https://wol.jw.org/el/wol/d/r4/lp-s/102000322

AUGUSTO quedó incapacitado por culpa de una mina antipersonal, llamada así... cincuenta modelos de minas antipersonales en por lo menos 50 naciones. ... Kofi Annan, secretario general de la ONU, señala: "La presencia —o aun El temor... promedio, se tarda cien veces más en desactivar una mina que en colocarla.

https://www.unicef.org/colombia/pdf/minas.pdf

Del Canadá y El Fondo de las Naciones Unidas para la Infancia, Unicef. .... Angola, Mozambique y Camboya reflejan las... El desarrollo de las naciones contaminadas con minas es muy ... millones de minas antipersonales, ...

60 fotografías sobre el drama de los mutilados por minas - El Espectador

https://www.elespectador.com/articulo147722-60-fotografias-sobre...

Jun 26, 2009 - El drama de las personas mutiladas por las minas antipersonales y la... Sólo en Angola, Afganistán o Camboya quedan por localizar, desactivar y ... se presentó en la sede de la Organización de Naciones Unidas (ONU), ...

Capítulo # 7

Agresión física contra los diplomáticos de Estados Unidos

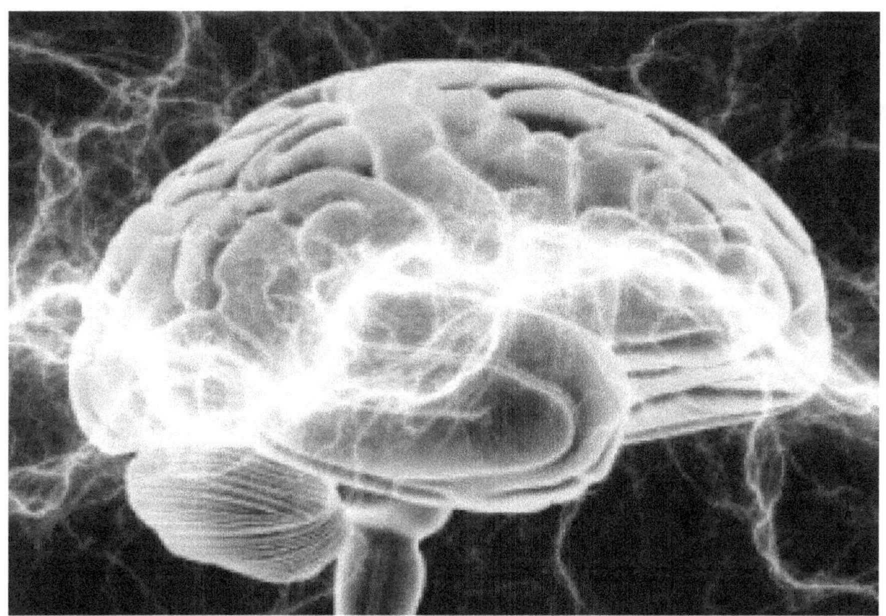

Recientemente, con el fin de disminuir la actividad de los diplomáticos en contacto directo con la población nativa, Cuba ha utilizado la energía sónica para crear disturbios neurológicos al personal diplomático estadounidense en la Isla, con el objetivo de reducir el número de diplomáticos en La Habana. Este incidente ha creado un precedente imponderable en las relaciones Cuba-USA. Pero sin embargo, no ha tenido consecuencias tangibles para el régimen de la Isla.

El Ministerio de Relaciones Exteriores de Cuba ofrece justificaciones absurdas y cada comentario más estúpido al anterior culpando hasta los insectos que emiten esta misma frecuencia es capaz de causar danos cerebrales.

"Esto es una calumnia de los Estados Unidos", dijo el coronel Ramiro Ramírez, funcionario cubano responsable de la seguridad de los diplomáticos en el país, en respuesta a las acusaciones de Washington de que probablemente se usaron armas sónicas para dañar a sus diplomáticos.

Los investigadores cubanos negaron enérgicamente que tales armas pudieran haber sido utilizadas, incluso por terceros, sin afectar la salud de las otras personas   cercanas en el momento, o atraer una atención mucho más amplia.

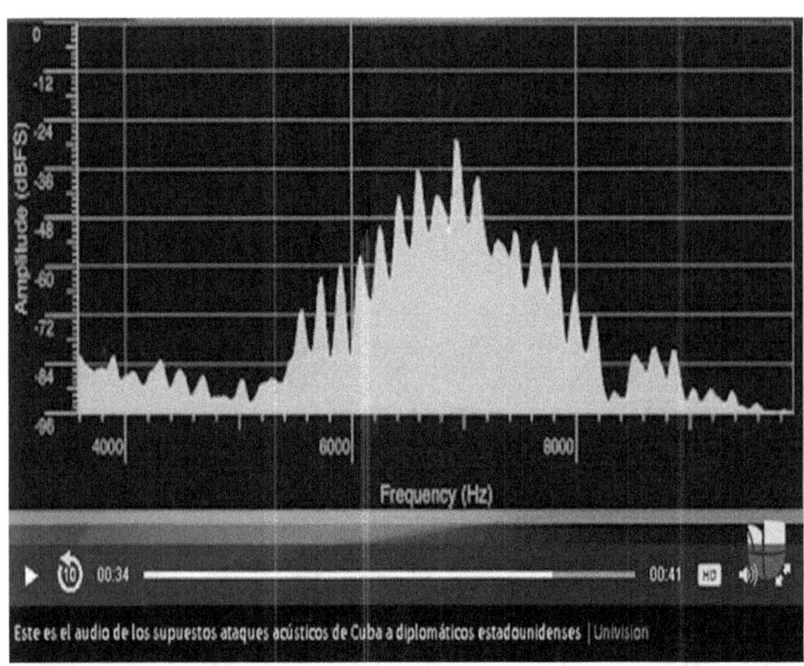

"Es imposible. Estamos hablando de ciencia ficción ", dijo el teniente coronel José Alazo, un experto en la unidad de investigación criminal del Ministerio del Interior cubano. "Desde un punto de vista técnico, ese argumento es insostenible".

Sin embargo, las grabaciones no contienen nada que pueda dañar la salud humana, concluyeron los investigadores. Los ruidos incluían sonidos suburbanos habituales, como el tráfico, los pasos y las voces humanas.

También se caracterizaron por un pico de desviación de 7 kilohercios (kHz) en la banda de frecuencia de 3 kHz, similar al canto de un grillo. Dijeron, sin embargo, que un sonido audible necesitaría ser muy fuerte, de más de 80 decibelios, o similar al ruido de un motor de avión, para tener un impacto en la salud. Sin embargo, dijeron, solo las víctimas escucharon los ruidos, pero no sus familiares que habitan en las mismas viviendas, ni sus vecinos.

"Entrevistamos a más de 300 personas en el vecindario, también evaluamos más de 30 médicamente, y nadie escuchó estas cosas", dijo Alazo.

Finalmente, los funcionarios cubanos enfatizaron que solo dos o tres de las supuestas víctimas han presentado problemas auditivos, de acuerdo con la información proporcionada por Washington, mientras que cualquier tipo de ataque sónico habría afectado a todos en el área en ese momento.

Fuente de la información: PressTV.com
Press http://baneste.blogspot.com/2017/10/cuba-acusa-de-difamacion-estados-unidos.html V.com

Fisiológicamente se conoce que el oído humano capta estímulos sonoros en este rango de frecuencias:

Frecuencia: **20 Hz – 20.000 Hz** (corresponde con el tono)

Intensidad: 10^{-12} – 10 vatios/m^2 (0 a 130 decibelios)

Presión: 2 x 10^{-5} – 60 Newton's/m^2 2×10^{-10} – 0,0006 atmospheres

Esto significa que los estímulos físicos, llamados "ondas sonoras" dentro de estos rangos, nos genera una percepción conscientes de los mismos, pero sin embargo, existen ondas sonoros por encima y por debajo de estos rangos, mínimos y máximos que no llegan a ser conscientes, pero pueden producir "efectos" por su energía, aunque no puede ser percibida por el la membrana timpánica y que

algunas de estas energías dentro de diferentes rangos de frecuencia pueden ser terapéuticos como el ultra sonido, que también es ondas mecánicas, es decir no ionizantes, cuya frecuencia está por encima de la capacidad de audición del oído humano (aproximadamente 20 000 Hz).

También existe el infra sonido, es una onda acústica u onda sonora cuya frecuencia está por debajo del espectro audible del oído humano (aproximadamente 20 Hz). El infrasonido es utilizado por animales grandes como el elefante, ballenas y delfines para comunicarse en amplias distancias (sonidos de 100 Decibelios).

Otro ejemplo, los perros tienen un diferente rango de sonidos como también otros tipos de animales, incluyendo los peces. Existen unos instrumentos para llamar a las jaurías que emiten un sonido no audible por los humanos, pero si para los perros. Estos silbatos son utilizados ampliamente para entrenamientos de perros deportivos o militares.

El efecto de diferentes formas de energías no visibles sea iónicas o radio activas, sónicas o magnéticas, ultrasónicas o subsónicas si es muy conocido que puede afectar el cuerpo humano.

Es muy famoso el experimento del físico inglés, Maxwell quien fue el primero en medir las ondas acústicas, hizo un experimento con un silbato de la policía británica, pero de un metro de tamaño y para insuflar la corriente de aire dentro del silbato hizo construir unos sopladores gigantes parecidos a los utilizados en las fraguas de los herreros para calentar los metales y hacer herraduras…el resultado del pito gigante fue el derrumbe del edificio de cuatro plantas donde estaba llevándose a cabo el experimento.

Otra forma que el sonido es capaz destruir no solo a los seres humanos sino estructuras de concreto es el paso de un avión a velocidades supersónicas a vuelo rasante.

Como podemos fácilmente comprender que la manipulación de la opinión pública del gobierno de Cuba es manipulación en base a una ignorancia elemental.

Como investigador científico, puede que no solo Cuba utilice ondas sónicas pudieran emisiones de energía luminosa combinada con otros estímulos. El sonido y la iluminación de alta frecuencia (taquitoscopica) es utilizada comercialmente para inducir conductas inapropiadas malignas, semejante a los efectos que producen las drogas y las intoxicaciones alcohólicas.

Existen en el mercado drogas sónicas y cada sonido es capaz de producir en el cerebro efectos semejantes correspondientes a las diferentes drogas o bebidas tóxicas, solo a través de sonidos binaruales.

El uso del sonido para crear conductas extremas o trastornos no es nuevo, los ejércitos iban al combate con la música de las bandas que los acompañaban por música, no solo como comunicación de las ordenes, sino para preparar el organismo para una tensión, hoy luciría ridículo tambores en redoblante para disparar misiles.

Aquí pondremos un ejemplo sobre el uso de la semántica o pseudo novedosos conceptos que enlazan la ignorancia con la malignidad de la intensión de cometer el delito y los resultados esperados.

Si en Cuba o en cualquier lugar, un franco tirador le dispara a un diplomático y no produce la muerte en el mismo instante del disparo, todos estamos de acuerdo que fue un asesinato u homicidio con alevosía y premeditación, pero si solo lo hiere y no produce la muerte o lesiones permanentes que lo incapaciten para desarrollar su vida normal, también lo consideramos un homicidio con la atenuante que hay lesiones graves o ligeras, no ha producido la muerte pero es un homicidio por la intensión y los resultados de la incapacidad del individuo.

El Derecho Romano, Germano, británico y español enfocan de manera diferente la intensión del delito y el resultado, pero en este caso, descansamos los conceptos en términos comunes a los enfoques de las diferentes escuelas del Derecho.

Cuba utiliza un "nuevo instrumento" para lesionar como pudiera ser un spray con tóxicos, con un enfoque subversivo, el sonido como arma en su forma de supra estimulo que puede producir desde la muerte por hemorragia cerebral hasta dejar incapacitada la persona para su vida normal.

La opinión pública, solo por el enfoque de la prensa y el concepto semántico no le atribuye la misma categoría que un homicidio por arma de fuego, como es el caso de un franco tirador.

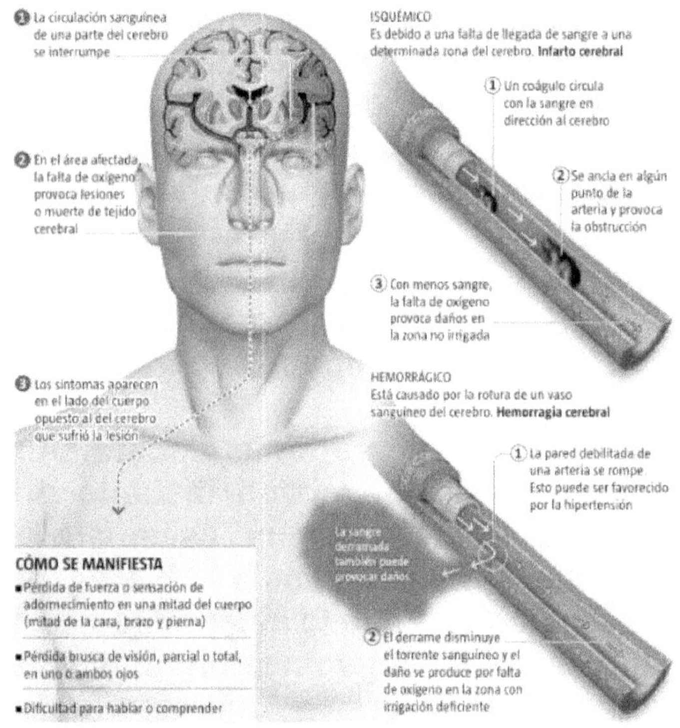

No es muy difícil comprender que cualquier efecto físico no visible es capaz de hacer lesiones, Ellos son expertos en estos artículos homicidas con energía nuclear, eléctrica, química, etc. Esto ya lo sabemos.

El efecto físico sobre el cerebro u otro tejido del cuerpo produce a grandes rasgos, dos tipos de lesiones: la ruptura de vasos sanguíneos que producen derrames en el cerebro o inhibición del paso de la sangre, que produce la ausencia de la sangre donde debía estar y no llega por algún motivo creado por el efecto físico.

No estamos muy familiarizados con el efecto del sonido como fenómeno físico porque no es tangible como un golpe con un mazo o un disparo de fusil.

Quizás resulte ilustrativo saber los efectos del sonido. Po ejemplo, en 1839 un físico Heinrich W. Dove descubrió como ciertos sonidos eran capaces de alterar el sistema nervioso. Existen determinadas gamas o espectros de frecuencias que afectan la actividad normal del cerebro.

Los ultrasonidos de ondas muy cortas y rápidas en tono inaudible provocan irritación y malestar. Los infrasonidos con frecuencias más amplias entre los 4 y 8 Hertz producen mareos, pérdida del sentido de la realidad y desorientación espacial y temporal.

Las consecuencias pueden llegar a convulsiones, alteraciones de conducción o eléctrico del musculo cardiaco. También puede invalidar a una persona para calcular distancias, sensaciones de

movimiento, y estimado del tiempo, por lo tanto, incapacita para operar maquinarias o conducir vehículos.

La combinación de tonos y tiempos para el oído izquierdo y otro para el derecho crea problemas en el procesamiento de las señales acústicas que llegan al VIII par nervioso o nervio acústico, creando una sensación de espera, lo cual se traduce en una inhibición al final.

Todos estos fenómenos acústicos logrados por el avance de la electrónica y otros muchos más, han sido manipulados para crear las llamadas "Drogas Sónicas" capaces de producir el mismo tipo de alteración y daño que producen las drogas que desgraciadamente algunas personas consumen y llegan a la adicción. Existen sonidos que crean el mismo efecto psico fisiológico que las drogas, solamente con el sonido y parece que la droga electrónica desplazara a la droga producida en Colombia y Cuba.

Con esta panorámica mínima sobre el asunto, lo que hace Cuba no es ficción, es una realidad, Pueden producir danos orgánicos en el cerebro con el sonido como también lo han hecho y lo hacen con energía nuclear.

Ref.:
Archivos del autor
PressT V.com
http://baneste.blogspot.com/2017/10/cuba-acusa-de-difamacion-estados-unidos.html V.com
https://es.slideshare.net/1Alejandra6/drogas-auditivas-52173097

Capítulo # 8

Los Havana's Cuban Boys en Dallas

Nota este capítulo no pretende explicar en detalle la participación de Cuba y la URSS en el asesinato de JFK. Próximamente será publicado el libro "Los Havana's Cuban Boys en Dallas" donde el lector encontrara todos los detalles de la participación de Castro y Nikita en este sádico suceso. Presentamos a modo de ejemplo otro método sin muchos precedentes en la Historia como dos países conspiran para asesinar a un Presidente del país más poderoso de la Tierra y quedan como inocentes. Muchos libros, muchos muertos, muchas falsedades y mucho dinero han corrido detrás de la narrativa sobre los hechos del Noviembre 22 de 1963.

El asesinato de JFK fue parte de una decisión entre el más alto nivel del Gobierno Soviético y su sátrapa en el Caribe, Fidel Castro.

 Pero no solo los misiles soviéticos amenazaban a los Estados Unidos, redes de sabotaje y subversión infestaba a los Estados Unidos en inimaginables formas como veremos: drogas, subversión política, corrupción administrativa para lograr chantajes, sabotajes, etc. Gracias al FBI se pudieron detener muchos intentos de matar cientos de miles de personas en New York en diciembre de 1962…

El objetivo del Gobierno Soviético fue detener los planes que tenía JFK para liberar a Cuba de ser colonia soviética y convertirla en un cuartel soviético para reprimir al pueblo de Cuba como sus rehenes nucleares y tener una base de ataque contra Estados Unidos.

Ellos conocían exactamente los planes porque tenían penetrada la CIA y este agente infiltrado por su jerarquía importo de Cuba más de una decena de agentes que trabajaron bajo la cobertura de la CIA para jamás matar a Fidel Castro, como el caso Antonio Veciana.

Este resumen comprimido de una larga investigación de decenas de años, nos pone al corriente de todos los mitos creados por la

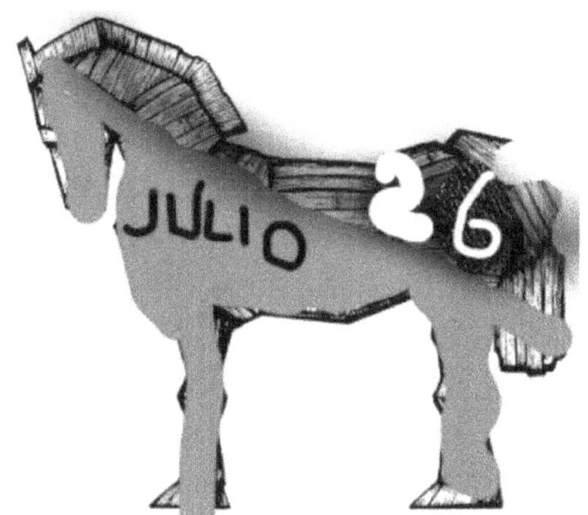

URSS y Cuba, que aún siguen promoviendo, pero en El caso de Fabián Escalante, aun se cuida en vano de ser identificado como Gilberto López, aun sale en las entrevistas hechas por una doncella encantada donde el "generalazo" crea una escena de iluminación atenuada, un pecho súper ancho, una almohada en el abdomen y una nariz postiza…

Tomar a Cuba reportaba a la URSS que su balance estratégico se multiplicara al doble de la eficiencia combativa a favor de los Soviéticos por la posición geográfica, que habían conquistado con un "Caballo de Troya" pintado de rojo y negro llamado 26 de Julio para engañar al pueblo cubano, el Caballo que llego para liberarnos de una supuesta dictadura, pero todo el manto era una trampa para la esclavitud comunista y al servicio de una potencia extrajera ajena al continente americano, la URSS.

Los Planes de JFK

Desde hace muchos años he tenido y analizados los planes de JFK y su grupo para atacar a Cuba en Diciembre 1, 1963 a las 24:00 h por Casilda, Las Villas.

Por las características de la discreción del Plan AMWORLD de JFK dentro de la estructura legal que se mueve el Ejecutivo de Estados Unidos, los enemigos sabían que eliminado a JFK, el Plan quedaba sin efecto. Por la relación entre los tres poderes, Ejecutivo, Legislativo y Judicial, quienes desconocían el Plan pues al hacerlo público, el esfuerzo perdería toda la efectividad.

Ellos supieron en detalle sobre estos Planes por una cadena de espías dentro de la CIA y también dentro de la organización anti-castro creada por ellos mismos para dar cobertura a todas sus acciones y responsabilizar al movimiento anti-castro en general.

El Alfa-66 creada por Antonio Veciana y Eloy Gutierrez. Menoyo, agentes de Castro y apadrinadas desde la CIA por Bernard Barker "El Macho", un cubano americano que desde los años 30 lucho en el ABC junto a otros militantes comunistas contra el Gobierno del Presidente Machado, estuve en prison con Fabio Grobart, Blas Roca y Victor Pina y recibió instrucciones de infiltrarse en las Fuerzas Armas de Estados Unidos durante la Segunda Guerra Muncial, después regreso a Cuba uy se alisto en la Policía, paso a la FBI y luego a la CIA, durante anos trabajo engañaron a muchos patriotas y los llevaron a una muerte segura en todas las misiones. Gloria a estos insignes patriotas.

Por otra parte, el gobierno soviético estaba realmente dispuesto a convertir a Cuba en cenizas nucleares porque los cubanos eran para ellos como unos esclavos baratos.

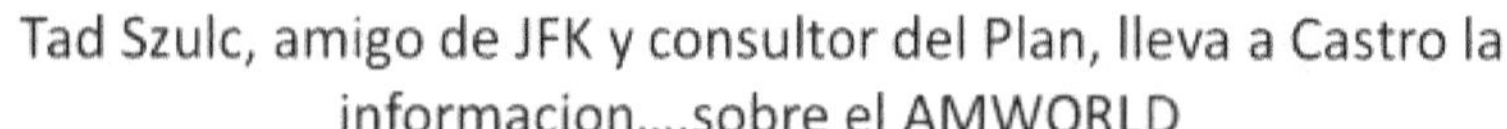

Tad Szulc, amigo de JFK y consultor del Plan, lleva a Castro la
informacion....sobre el AMWORLD

La planificación, coordinación, organización y ejecución del crimen en territorio estadounidense se puede demostrar con las fotos y los documentos de los participantes en el asesinato del presidente JFK así como la infiltración de agentes de la KGB y los Havana's Cuban Boys dentro de los mismos preparativos del Presidente JFK...

- ¿Por quienes empezar esta compleja historia?

Si este suceso hubiera sido producto de una sola persona, y al ejecutor del delito tomo la decisión 10 días antes, no pudiera tener la complejidad que tiene. Esta fue una decisión de gobiernos, planificada casi dos años antes. Quizás esta trama debemos empezar desde los sujetos involucrados desde El tiempo más lejano y que participaron como operativos clandestinos.

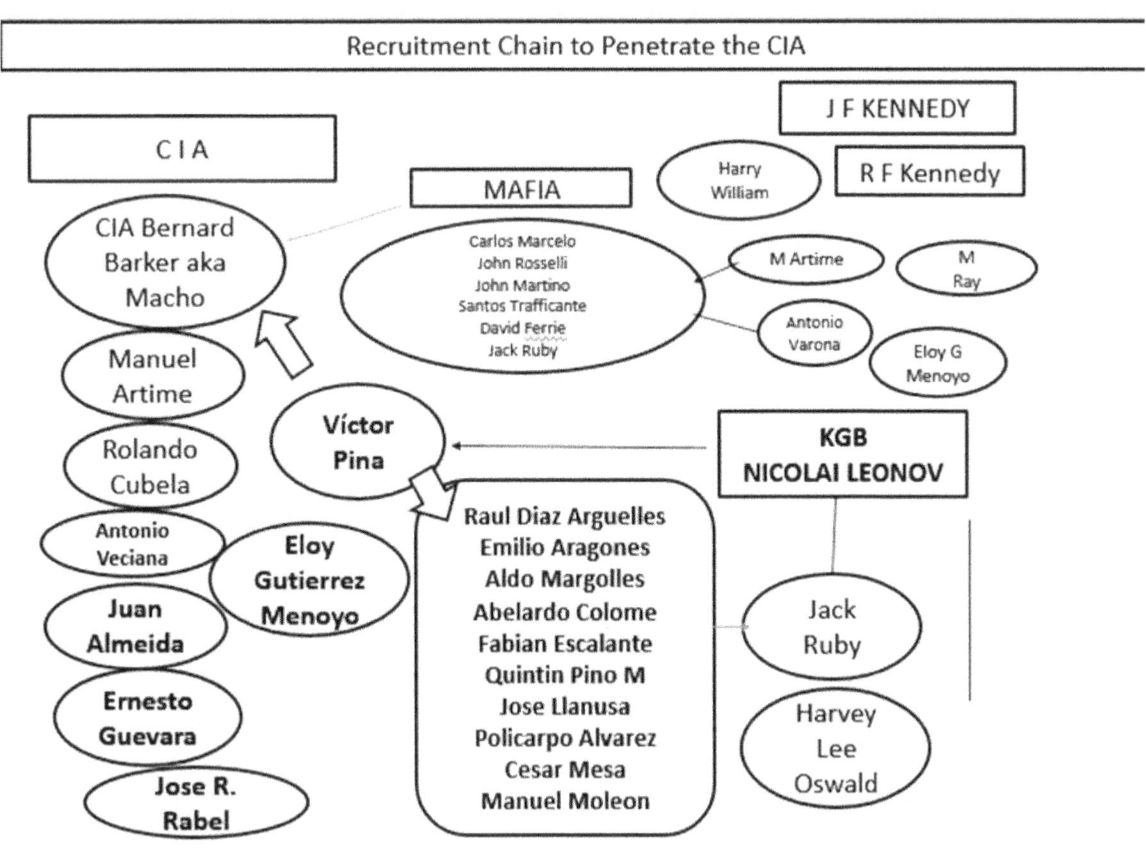

Este esquema explica esta compleja dinámica de Contra Inteligencia que tienen sus raíces en la URSS en Cuba antes de 1959 y de Castro después de 1959.

Los enemigos de Estados Unidos habían logrado penetrar a la CIA con Bernard Barker y este enrolo a otros que fueron jugando diferentes papeles dentro de la trama para el asesinato de JFK, pero es útil saber que esto había estado sucediendo desde 1959 y esta facilidad otorgo a un miembro del G-2 cubano tener una jerarquía privilegiada en la Brigada 2506, lo que entre ambos lograron o ayudaron al desastre de la Bahía de Cochinos. En próximas páginas se encuentra como cada uno de los personajes que entraron en la cadena jugaron un papel en el asesinato de JFK.

Por otro lado, la Mafia era otro un grupo poderoso en recursos financieros y ciertas relaciones con los empleados de confianza que no había podido salir de Cuba, quienes a su vez eran muy controlados por los órganos represivos, pues sabían que eran los puntos posibles de comunicación desde los Estados Unidos con Cuba para cualquier actividad contra el régimen.

La Mafia representaba los negocios nacionalizados por el régimen de Cuba, que tenían un doble filo, por sus actividades ilegales dentro de EU eran enemigos de la Ley americana y habían sido perseguidos y limitados por JFK y su hermano desde algún tiempo de ser Presidente y por otro lado, les interesaba colaborar en deponer el régimen de Cuba por la pretensión de recuperar sus propiedades y a la vez, si los EU lograba deponer a la URSS en Cuba, los mafiosos querían obtener no solo sus propiedades sino también privilegios de ser los únicos autorizados hacer más inversiones en la prospera nación cubana.

Este documento desclasificado entre otros muchos muestra que Bernard Barker de hecho no estaba autorizado a tener relaciones con la Mafia para su trabajo y mucho menos con los agentes cubanos.

Bernard Leon Barker aka Macho

HL.Hunt-Hunt people came down here with money in 1962. We introduced them
me to Tony Questa and the rest of the guys. Bosch was never inttoduced to
HL HUnts people. Bosch wasnt doing anyting until 1963

Bernard Barker- Helms disclosed Barker fifed by CIA for involvement w/
                organized crime.
"He apologized for that and retracted it so. It was published m in the Miami
Herald. Test. me heldxup held up one yaxx year- apology came soon after that.
Has ltr from CIA mpmp apologizing.

Waymound Thomas-wrong dude

blank may 1978

Los dos pichones de judíos, rusos y comunistas uno introducido la KGB en Cuba en los años 30 y el otro en los Estados Unidos, en los años 40, ambos con segundo nombre León, por la afinidad de sus padres con León Trotsky por Bernard León Barker y Jerome León Rubinstein aka Ruby, cada con una historia de "matones" uno contra el Presidente Gerardo Machado en Cuba y el otro dentro de la Mafia en Estados Unidos", ambos con servicios prestados en las Fuerzas Armadas de EU para obtener una buena credencial y por otro lado, los justificaba ante el Partido por el Fórum del Ye-Nan de Mao Tse Tung donde proclamaba que había que luchar con las herramientas de la democracia y penetrar a los gobiernos, "hacer la oposición desde adentro". No es de asombrarse que Jerome León Rubinstein conocido después como Jack Ruby, fue el aprovisionador de armamento americano para los 200 soldados hispano-soviéticos que estaban dentro del barco soviético Zora, surto en el puerto de Santiago de Cuba, el 26 de Julio de 1953. Este oficial, americano

Es otro caso "sembrado" por anos, que ponemos como ejemplo. Tomado de Alas y Sombras. Libro sobre Víctor Pina.

El Comandante piloto de la Marina de Estados Unido Mortimer Robson, también judío que desde los años 30 estaba en contacto con la KGB a través del cubano Víctor Pina Cardoso, este es como un Jack Ruby, Davie Ferrie, Bernard Barker, Antonio Veciana, José Ricardo Rabel, Manuel Artime, Rolando Cubela y otros que han servido a la causa del comunismo en un silencio indetectable.

Ambos agentes clandestinos de la KGB infiltrados en la CIA, uno en directo y el otro indirecto, la Mafia se servía de ellos para sus fechorías domésticas y la CIA necesitaba la información, porque este grupo eran los únicos americanos que tenían vínculo con la Isla a través de sus ex empleados de los Casinos y Cabaret en La Habana.

Los Mafiosos estaban cohesionados, por un lado contra Castro por la frustración de las pérdidas de propiedades incautadas por los Castro y por otro lado con la CIA, pues ellos solo buscaban establecer un compromiso de que cuando se restableciera un nuevo gobierno en Cuba, ellos tuvieran el privilegio para restablecer sus negocios. Los principales encargados de hacer negocio por esta promesa fueron los políticos antiguos de Cuba con Tony Varona, Rolando Manferrer y otros.

De una manera u otra, al estilo de la Mafia, jugaban con la CIA con la historia de matar a Fidel. Esto explica El vínculo que la Prensa nos presenta entre la Mafia y la CIA.

El Macho Barker y otros ex filtraron a ciertas personas de Cuba en coordinación con el G-2 y con su leyenda y abrían la puerta de la CIA con el reclutamiento, como es clásico en estos casos, a comunistas clandestinos comenzando desde el año 1959 desde Cuba, URSS y Washington.

Jack Ruby: Un largo historial familiar desde la misma Unión Soviética y su padre fundador del Sindicato de Carpinteros de Chicago y militante comunista, por otra parte, en Cuba tenía familia, de la rama materna a los Bergman, de los judíos comunistas llegados a Cuba en los años 20 y uno de sus primos era el Ministro de Comercio Interior del gobierno de Castro (1961-1964), Máximo Bergman, quien muere meses después del atentado a JFK dentro de su auto, con solo 42 años de edad.

Maximo Bergman Rubinstein, Ministro de Comercio Interior en Cuba. Primo de Jack Ruby en Cuba.Muere en 1964 con 42 anos, encontrado en su auto en el parqueo del Ministerio de Trabajo

Cuba limpiaba con la muerte el vínculo familiar de Máximo Bergman con Jerome León Rubinstein, era necesario silenciarlo y que los demás familiares asimilaran las reglas del juego. Primero lo desprestigiaron por la falsa compra de las "barredoras de nieve" y ya sin cargo ministerial muere.

Las barredoras de nieves no fueron objeto de compra de parte del gobierno cubano en la URSS, ellas llegaron a Cuba con el Regimiento de Aviones de Combate de la 5ta, Fuerza Aérea del Cuerpo de Ejército del Cáucaso que llego a Cuba en 1962 en la Operación "Anadir" la cual como parte de una maskirovska supuestamente iban a la Siberia para un ejercicio, pero en realidad venían para Cuba, este Regimiento de Aviación de Mig-21 llegaron a Cuba con las barredoras de nieves para las pistas, ya en Cuba fueron estacionadas en la parte trasera del hangar 1 de la Base de San Antonio y no fue posible adaptarlas para barrer el polvo de las pistas y las menciono Fidel Castro en un discurso como un error e ignorancia del Ministro de Comercio Interior que las compro para quitar la nieve de las carreteras, este comentario en forma despectiva y burlesca para destituirlo y enviarlo a sembrar eucaliptus en Guanacabibes, donde fue fotografiado por la periodista Tania Díaz. El comentario y la destitución precedieron la muerte. Las 4 barredoras estuvieron durante años en la Ave. de Rancho Boyeros y la Calle 100 a la vista en un parqueo.

Pero el vínculo candente de Jack Ruby con Cuba/Castro, es que Jack había servido a la KGB para suplir de armamento al Ejército Rebelde y para este servicio obtuvo la Licencia de Exportador de Armas de Infantería para América Central y el Caribe, justamente en 1952 cuando comienza la subversión soviética a través del Movimiento 26 de Julio con el asalto al Cuartel Moncada.

Como "proveedor de armas americanas a los operativos organizados por Moscú", para el supuesto, Movimiento "26 de Julio" teniendo contacto desde aquella con Víctor Pina y José LLanusa Gobel. Durante esto años con la exportación de armas obtuvo dinero para comprar un pequeño cabaret en Dallas, llamado "Carrusel", según consta en sus declaraciones al IRS.

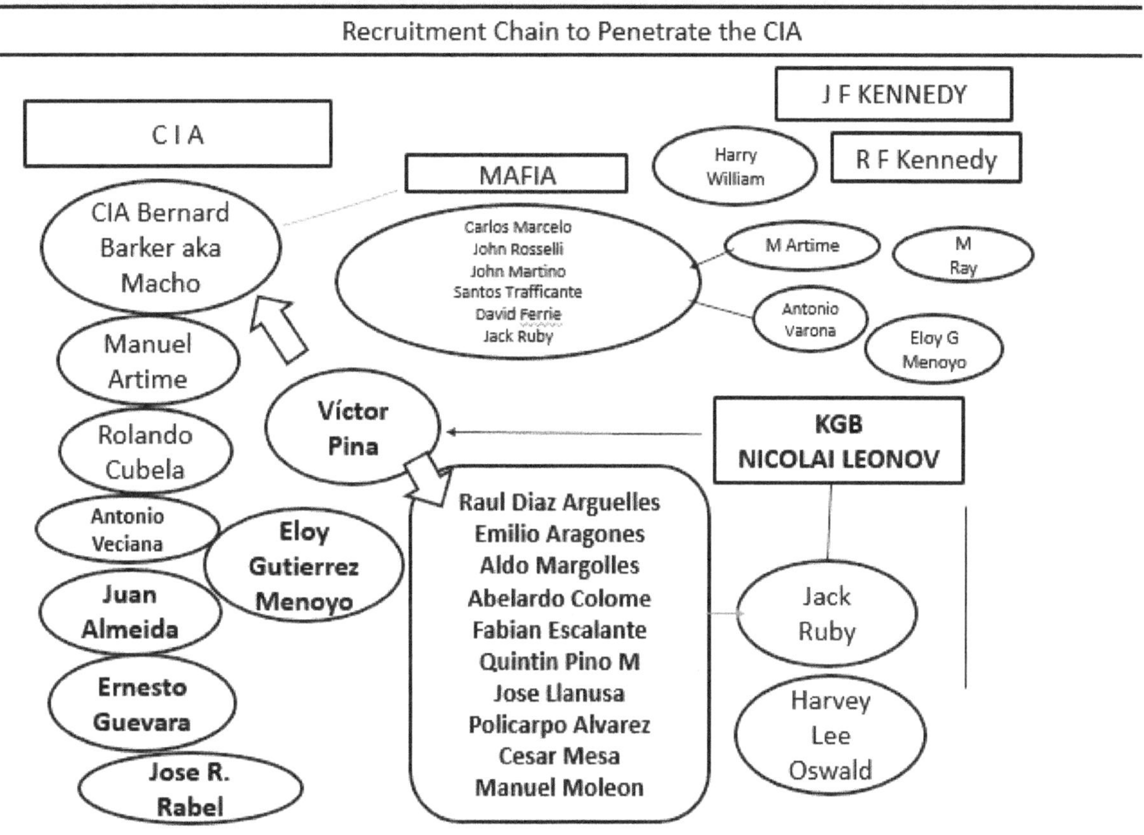

Su contacto con Cuba eran los agentes clandestinos del Partido Socialista Popular como Víctor Pina, José LLanusa Gobel, pero en abril 27 de 1959, en Houston alcanzan personalmente el nivel de Fidel Castro y Víctor Pina, en una entrevista que duro 8 horas.

Pocos días después comienza otro capítulo cuando se relaciona con los Comandantes Raúl Díaz Arguelles, Rolando Cubela, Aldo Margolles y el propio Castro en negociaciones por la libertad de los americanos de la mafia detenidos en Cuba, entre ellos algunos mafiosos y por enésima casualidad este grupo de oficiales cubanos son los mismos que aparecen en la foto observando atentamente como asesinaban a JFK.

Comienzan con estas conversaciones y ciertos negocios de intercambio de armas y equipos electrónicos para uso en Inteligencia, no llego a estar convencido que las drogas fueran parte del negocio, sino más bien favores "mafiosos" de ambas partes.

Toda esta información aparece en documentos de CIA y la Comisión Warren, pero en mi opinión estos negocios fueron los llamados intercambios de favores, Castro le ofrecía servicios de limpiarles el camino con asesinatos a los enemigos entre mafiosos y ellos estarían en la disposición de cumplir misiones de cobertura que agentes cubanos necesitarían en territorio americano. Como fue El caso de Fabián Escalante con la mafia de Tampa.

Jack Ruby fue a Cuba como el mediador para obtener el Libertad de 128 prisioneros estadounidenses, algunos de ellos miembros de la mafia fugitiva de la justicia de Estados Unidos por las denuncias e investigaciones sobre sus delitos del entonces Senador JFK y su hermano Robert como Fiscal.

Este elemento, nos subraya que la Mafia de hecho era enemiga directa de JFK, como Castro también era enemigo de Kennedy, por lo cual convertía de hecho, la Mafia americana, aliada estratégica del G-2.

Por lo cual se va establecer un esquema de acción centrado en Bernard Barker, Jack Ruby y secundariamente, Lee Harvey Oswald.

Si analizamos la dinámica de los factores implicados, podemos obtener una idea más nítida de cómo estos factores fueron utilizados para lograr el asesinato de JFK y a la vez crear un borrado de huellas y una impenetrable nube de tramas donde se pierde el investigador por caminos infecundos.

Durante sus gestiones en Cuba, Jack Ruby, en aquella época Jerome León Rubinstein estuvo en contacto oficial con los comandantes Raúl Díaz Arguelles, Emilio Aragonés, Rolando Cubela y Aldo Margolles quienes estaban a cargo de los detenidos por el Departamento Técnico de Investigaciones (DTI), los mafiosos de rehenes en La Habana por Castro.

 Sin embargo, una rara coincidencia, "más allá de toda duda racional" como dice Fabián Escalante, ellos mismos están también reunidos en la escena de muerte de JFK, segundos antes del disparo en Dallas.

Esta foto de los Estudio Revolución disparada por Naon quizás cumplió la misión para mantener la viva la fachada de los viajes a Varadero de Fidel Castro por el año 1963, eran ciertos los viajes pero no era Fidel Castro, era su doble para mantener la "duda razonable" de que Antonio Veciana era el matador ansioso por matar "guapo como Cheo Malanga".

Esta foto del "doble" o muñeco de Fidel Castro en Varadero fue tomado para excitar la mente de sus supuestos enemigos que preparaban con los dobles agentes Bernard Baker y Antonio Veciana el famoso atentado a Castro en sus viajes sabatinos a Varadero.

Hay muchas razones para demostrar que mucho más allá de la duda esta foto no es Fidel Castro, desde lejos sin entrar en detalle los hombros y brazos no tienen la proporción de Fidel Castro. Su espalda era lisa, jamás estuvieron marcados los trapecios y los deltoides como vemos el doble, quien es portador de estructura atlética por la musculatura de brazos y espalda, la espalda y los brazos de Fidel Castro era totalmente lisos, sus músculos no tenían ninguna definición y con casi cero glúteos. Los tacones de 3-4 pulgadas que utilizaba por dentro y por fuera de las botas, le crearon desviaciones de su equilibrio pondo estructural y su columna estaba encorvada y la tapaba con sus chalecos de seguridad antibalas e isotérmicos.

El peso de la pistola Stiche de 40 tiros, en la cadera derecha le desbalanceaba el cuerpo y le creo lesiones en la columna, y además él quería ser más alto que cualquiera de las escoltas y ordenaba poner en sus botas un tacón de casi tres pulgadas por fuera y otras tantas por dentro de la bota. Como vemos en la foto, los espejuelos soportan una nariz helénica supuesta, pero indudablemente era un buen doble y un excelente trabajo. en parte inferior del pabellón de la oreja esta uno de los puntos de agarre de toda la careta, que presumiblemente estaba hecha con piel humana.

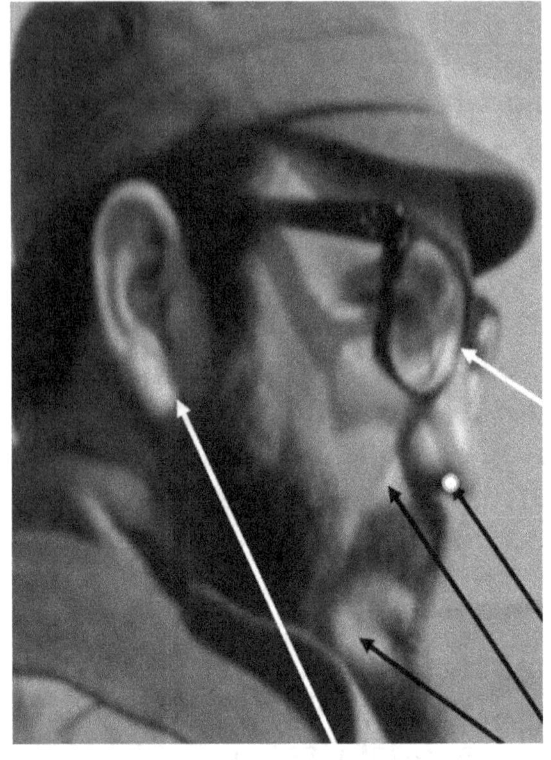

Podemos detectar dos tipos diferentes de tonos en la piel y sigue por todo el labio superior sobre el bigote y alrededor de la boca.

Más allá de la duda razonable, este plástico sobre la nariz podría haber sido justificado, porque el bloqueo imperialista no les permitía a los cubanos tener una crema para bloquear los efectos de los rayos solares sobre la piel. Entonces el comandante decidido taparse la nariz y no utilizar un sombrero mexicano para cubrirse del sol de Varadero. Aclarando al lector esta es una explicación al estilo de Fabián Escalante.

El hombre que hacia este papel de doble, debió de haber sufrido unos terribles dolores de cabeza con estos espejuelos para una miopía extrema para que no le identificaran los ojos, por las características físicas, parece ser el General José Castro, el esposo de Magaly.

Por qué dedicarle tanto espacio a un doble, Castro tenía el derecho a defenderse como pudiera, claro está.

La importancia de esta foto en Varadero en 1963, está en relación porque los agentes infiltrados en la CIA, entretenían a los americanos con planes de asesinar a Fidel Castro en sus viajes a Varadero, la Vía Blanca tiene lugares cerca del llamado punto Fundora, el Cayuelo, el Narigón, Arroyo Bermejo y muchos otros por donde podría perfectamente implementarse explosiones o disparos de franco tiradores o un ataque comando contra la caravana. El encargado de estos atentados eran El Gutiérrez Meno yo y Antonio Veciana, quien hizo uno primero en el Oeste de Miramar, pero se le olvido llevar la bazooka.

Después durante años, estos planes de atentados que según su libro le dieron anos de entrenamiento y después acusa a la CIA de su entrenamiento, si él quería matar a Castro porque maldice los entrenamientos que la CIA le proporciono… y que la CIA era la madrina de Lee Harvery Oswald. Atribuyéndole a un oficial que el mismo no sabe, como se llamaba y lo bautiza con dos nombres diferentes. Existen documentos de vínculos de Harvey Oswald con Raúl Díaz Arguelles, Ramiro Valdés, Rolando Cubela, Víctor Pina o Eusebio López Azcue en el consulado y en la fiesta, Emilio Aragonés, Oswald viaja a Cuba del 2 de octubre hasta el 9 de 1963, dicen que le niegan la Visa y sin embargo tenía Visa permanente para viajar a la URSS él y Marina con la niña…estas evidencias no tienen importancia para Veciana. Pero, sin embargo, existen y si vinculan a Lee Harvey Oswald con el gobierno Cubano, su G-2.

Sin embargo, el jefe de la Oficina de la CIA, en Miami, según textualmente aparece en un memorándum sobre Veciana que había que desecharlo como agente de "desinformación" porque lo que sabía Miami, ya lo sabía La Habana gracias a los contactos de Veciana con otros cubanos, que confiaban en su lealtad.

Agente de desinformación quiere decir que siempre supieron que era del bando contrario y lo utilizaban para desinformar al enemigo. Lo cual también fue inefectivo para el lado anti Castro real.

Este foto en parte demuestra que la parte cubana estaba conectada con los infiltrados en la CIA y le estaban "dando cordel a la presa" durante todos los fines de semana a Varadero y hospedarse cerca de la casa de Rolando Cubela, otro supuesto complotado para asesinar a Fidel Castro, era un canto de sirena para la CIA y seguir cobrando dinero a la CIA,

Existen a lo largo de esta operación de asesinar a JFK, como en otras, algo que les sorprenderá a los lectores, el uso continuo de maquillajes, barbas postizas. espejuelos con orejas, espejuelos con nariz, muchos maquillajes vamos a mostrarles, pero hay algunos que aun a más de 50 años del hecho, siguen utilizando maquillajes y deformaciones del cuerpo como el caso de Fabián Escalante tratando de no parecer un Gilberto Policarpo López, identidad abandonada por Escalante en México el 27 de noviembre de 1963.

A media luz aparece, "más allá de la duda razonable", una iluminación sexy para las muchachas porque luce 20 años más joven, pero para otros, no mal pensados, es que está acostumbrado a su trabajo en la sombra, en la falsedad y no presentar su verdadero rostro jamás. El caballo del lechero siempre sigue el camino, acostumbrado a su nariz plástica ya no puede salir sin nariz plástica, próximamente, dice tener un accidente, y entonces en el CIMEQ, le hacen otra carita.

Emilio Aragones,Rolando Cubela y Aldo Margolles, quien llego a los Estados Unidos por El Paso, Texas, en Agosto 23 de 1963 junto a su cuñado Emilio Aragonés, está de vecino nuestro en Miami y tiene más valor que Fabián, que aun en Nuevo Vedado, con vecinos escogidos y vigilados lo persigue el pánico.

Esta "razonable y dudosa" entrevista al General "a media luz", una almohada en el abdomen, unos hombros con sobre dimensión, dos pulgadas adicionales de hombro a cada lado y una nariz postiza.

Los disfraces carnavalescos para los comunistas. No son nada nuevo. El Dr. Fisin y Víctor Pina eran los encargados de estos maquillajes a los agentes de la KGB que llegaban a Cuba y los clandestinos del PSP por más de 60 años.

En los tiempos A, Blas Roca utilizaba un rostro para cada lugar. en Guanabacoa era un babalawe, mulato casi negro, tenía un rostro diferente y una esposa Justina y en Marianao otra cara, otra esposa y los hijos. Cuando salía del país, le ponían otra careta. Todo lo de ellos siempre ha sido muy legal, y después de 1975, para colmo de los colmos Blas Roca conformo la nueva "legalidad socialista"

En los años 60, las caretas o ajustes con barba las hicieron con piel humana disecada. En el Instituto de Medicina Legal fueron extraídas segmentos de piel disecadas con formol aldehído, aun muchos años después, por lo tanto asumo que en años anteriores hicieron lo mismo.

Este capítulo, es solo una introducción al lector en el tema de la participación y motivos de por qué la URSS y Cuba preparan en el año 1963 la muerte del Presidente JFK, quien empeño su vida en liberar a Estados Unidos de la amenaza subversiva y nuclear de la URSS a través de Cuba, secuestrada por los rusos, como el mismo JFK denomino.

Les presento a continuación una pequeña muestra de la colección de fotografías, documentos, argumentos lógicos e identificación de los principales oficiales de Castro involucrados en esta triste acción.

Tendrá amigo lector, la oportunidad de conocer en detalles la historia completa en próxima publicación de 'Los Havana's Cuban Boy en Dallas" en inglés y español, "Dios mediante".

Me refiere al equipo de asesinos de Castro, como a "Los muchachos cubanos de La Habana en Dallas", para marcar la diferencia entre los "Muchachos cubanos de Miami" porque los exiliados habían sido "señalados" como enemigos de JFK y Estados Unidos por la máquina de propaganda de Castro.

Te invito a que disfrutes con esas fotos... lo que el hecho derriba las mentiras creadas por el enemigo de la conspiración de la CIA contra JFK.

Nikita Khrushchev amenaza con dar un fuerte y demoledor golpe a los Estados Unidos, el Primero de Mayo de 1963. si Cuba recibe una invasión militar. Esto demuestra que conocían el Plan de JFK y sobre el Golpe de Estado del comandante Juan Almeida y Ernesto Guevara contra Castro. Foto Agencia Tass. Archivo de autor. Mayo 1,1963.

Con la flecha blanca, el Capitán Emilio Aragonés y El oficial Nicolai Serguei Vich Leonov, individuos que parecerán en esta operación uno en primera fila en Chicago, Tampa, Miami, New Orleans y finalmente en Dallas y el soviético desde México.

Encuentro secreto fuera de la casa de Nikita ... Primero a la izquierda Coronel Nicolai Leonov, segundo Leonid Brezhnev Presidente del Presídium del Supremo soviético: Capitán Emilio Aragonés: Nikita S. Khrushchev, Primer Ministro y Primer Secretario del Comité Central: Nicolai Podgorny Secretario del Consejo de Ministros y el Comandante Fidel Castro. Foto de Tass, el 5 de marzo de 1963. Archivo del autor. Los marcados con la flecha el Coronel Nicolai Serguei Vich Leonov y el Capitán Emilio Aragonés Navarro, "casualmente" estarán involucrados hasta el final en la operación para eliminar a JFK

Castro y Khrushchev sabían por diferentes fuentes de Inteligencia que JFK tenía la decisión y el Plan de ataque, El Ocupé of State, el Plan de Contingencia para el Departamento de Estado porque cinco líderes cubanos de Miami estaban trabajando e involucrado con Robert Kennedy con el Plan, 3 de ellos le pasaron la información a Castro. También el Asesor Político de la CIA para Asuntos Cubanos fue a Cuba y les dio la información a Fidel y Raúl Castro.

```
                        AGENCY INFORMATION

              AGENCY :  CIA
       RECORD NUMBER :  104-10308-10146
       RECORD SERIES :  JFK
 AGENCY FILE NUMBER :  80T01357A
-------------------------------------------------------------------
                        DOCUMENT INFORMATION

          ORIGINATOR :  CIA
                FROM :
                  TO :  UNOFFICIAL TO MR. ALFRED COX
               TITLE :  ALDO PEDRO MARGOLLES Y DUENAS AND EMILIO ARAGONES Y NAVARRO PLOT TO
                        ASSASSINATE THE PRESIDENT OF THE UNITED STATES.
                DATE :  00/00/
               PAGES :  1
            SUBJECTS :  MARGOLLES Y DUE
                        ARAGONES, EMILI
                        PLOT
                        ASSASSINATE
                        PRESIDENT
                        UNITED STATES

       DOCUMENT TYPE :  PAPER, TEXTUAL DOCUMENT
      CLASSIFICATION :  UNCLASSIFIED
        RESTRICTIONS :  OPEN IN FULL
      CURRENT STATUS :  OPEN
 DATE OF LAST REVIEW :  09/19/98
    OPENING CRITERIA :
            COMMENTS :  JFK-WFO2:F7 1998.09.19.11:55:02:513031:
```

 Esta reunión superior en Moscú el 5 de marzo de 1963, Moscú y La Habana tomaron la decisión de matar a JFK y asignan al capitán Emilio Aragonés para esta misión.

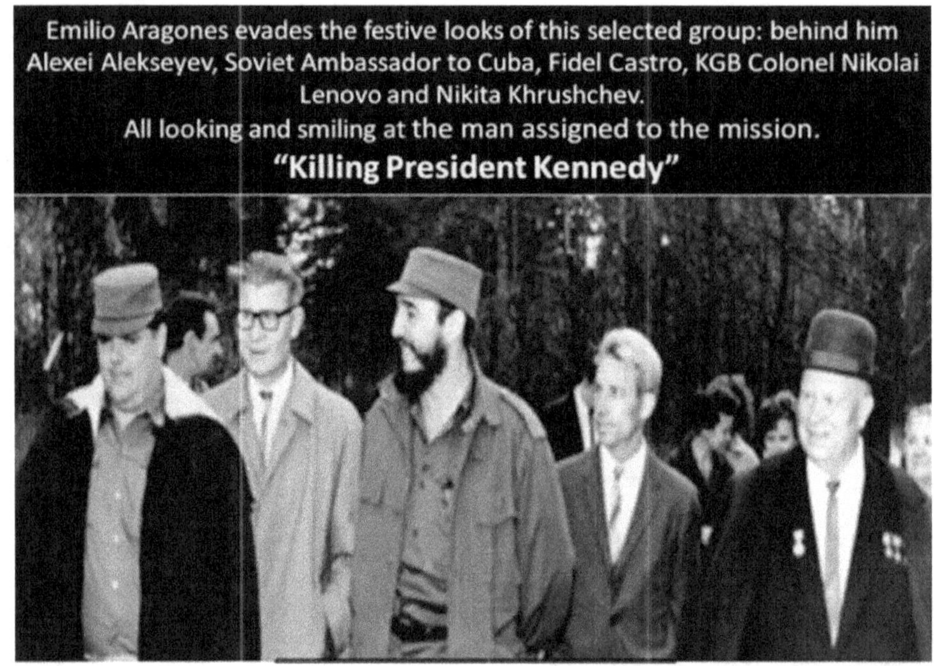

Qué tipo de humor estaría corriendo en este selecto grupo de izquierda a derecha, Emilio Aragonés Navarro, que aparecerá en la foto junto a la caravana de JFK, para despedirlo en nombre de Castro. El primer Embajador soviético en Cuba, que estuvo varias veces en la Sierra Maestra en el año 1958 y fue el jefe de la KGB en Buenos Aires y Jefe del padre de alguien conocido en este ambiente, Ernesto Guevara, Fidel Castro, con la barba, después le sigue al que siempre va a estar presente como el representante íntimo del Imperio ruso en Cuba, Nicolai Leonov y el extinguido Nikita K, Primer Ministro Soviético. El grupo de mujeres que están detrás son las esposas de la nomeklatrua en la cabaña (dacha) de descanso de Nikita cerca de Moscú.

Aldo Margolles, Emilio Aragones and Harvey Oswald

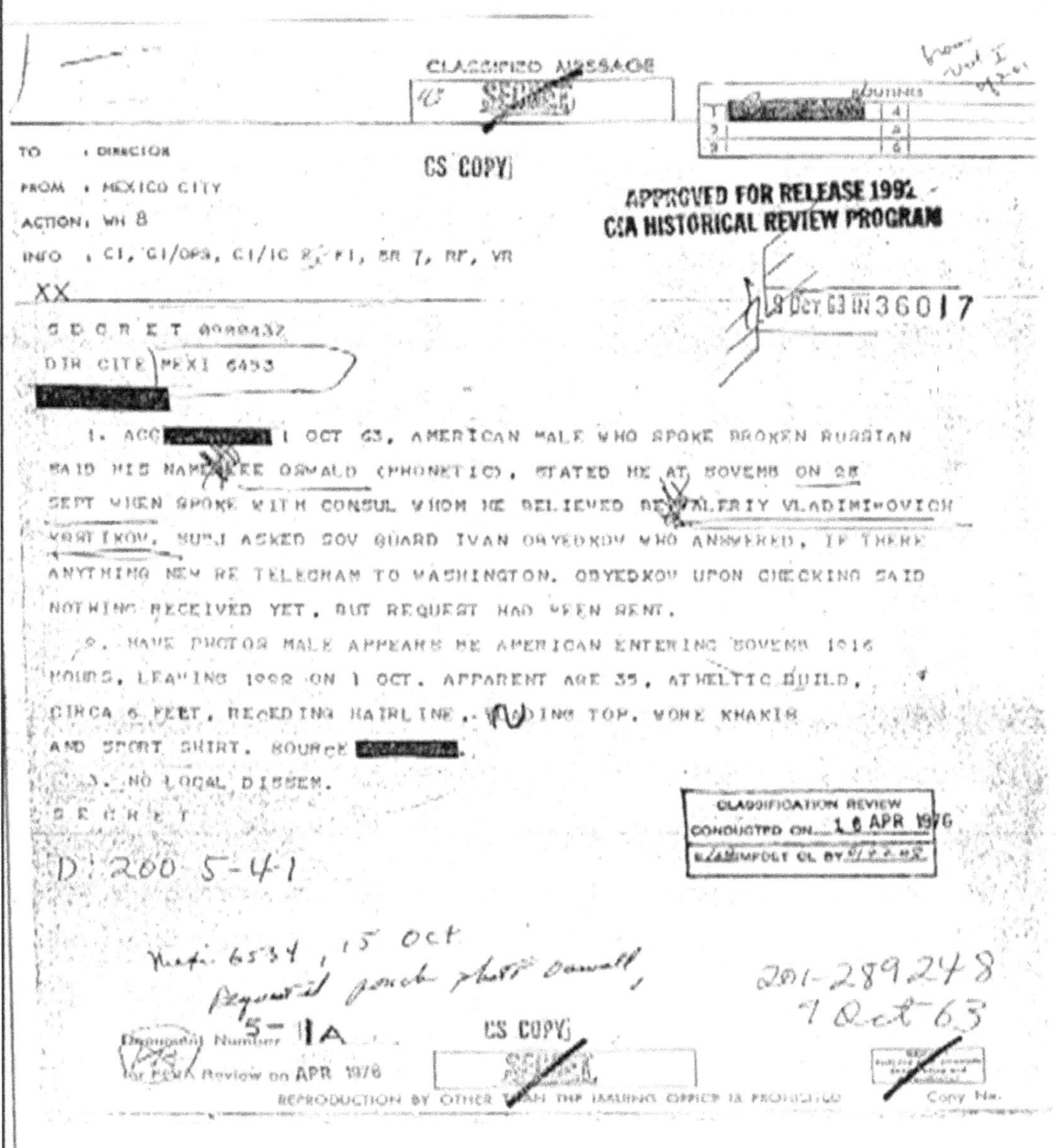

Listo para la misión contra Estados Unidos. Embajador Extraordinario y Plenipotenciario de la URSS Alexei Alexia, el comandante Ernesto Guevara y el "feliz" Capitán Emilio. Aragonés.

Comandante Aldo Margolles Dueñas. Vino al exilio arrepentido, pero no lo suficiente para hacer pública su conocimiento y participación en las misiones asignadas por los soviéticos a los cubanos. Su información sería bienvenido.

Existe una amplia documentación desclasificada de la CIA para ubicar e identificar a José "Pepe" LLanusa durante la preparación del atentado fatídico contra JFK.

Fue un atleta profesional de baloncesto muy popular en aquella época y un encubierto comunista antes de 1959. Se exilió en Miami en 1957 y trabajó como proveedor de armas para el llamado Ejército Rebelde en la Sierra Maestra en coordinación con Jack Ruby (KGB), con licencia de exportador de armas Infantería, las que robaba en un arsenal del Ejército de Estados Unidos. Jack Ruby fue a Corte acusado del robo de un cargamento de armas.

José LLanusa, a la vez, era miembro de la Policía Secreta, como agente doble recibió $ 5000 por mes por recolectar información sobre las actividades operativas de los cubanos anti Batista". Trabajó bajo el mando del L-Cor Esteban Ventura Novo.

Los comandantes Aldo Margolles, Raúl Díaz Argüelles y José LLanusa trabajaron para coordinar la acción con Jack Ruby y Lee Harvey Oswald entre agosto / 63 a noviembre 26/1963 en territorio de Estados Unidos.

MEMORANDUM FOR THE RECORD

SUBJECT: AMSLOUCH Project

Job #   69-837/51   (Box 30)
              71-737/68   (Box 13)

File #   [28] 6-33

Volume   13 and 4

1. Description:

   Formerly AMSNAEL and [ ]SLOUCH. Material centers around AMSLOUCH-1, honorary [08] in Havana, trained in CRIT and FW, and AMSLOUCH-2, contract type employee. [10] Havana.

2. Findings

   DIR 7944 (IN 83302) 18 Dec 63

   [05
   10] reported to Rio Station contact in

Rio: a. Wide rumor of assassination attempt against Fidel CASTRO after his TV appearance 6 Dec resulting in killing of man next to him. CASTRO uninjured. Would be killer at large.

       b. Wide rumor Cuban Jose "Pepe" LLANUSA met Lee OSWALD in Mexico before Kennedy assassination.

Attachment   LAD/JFK Task Force

Downgrader: OG

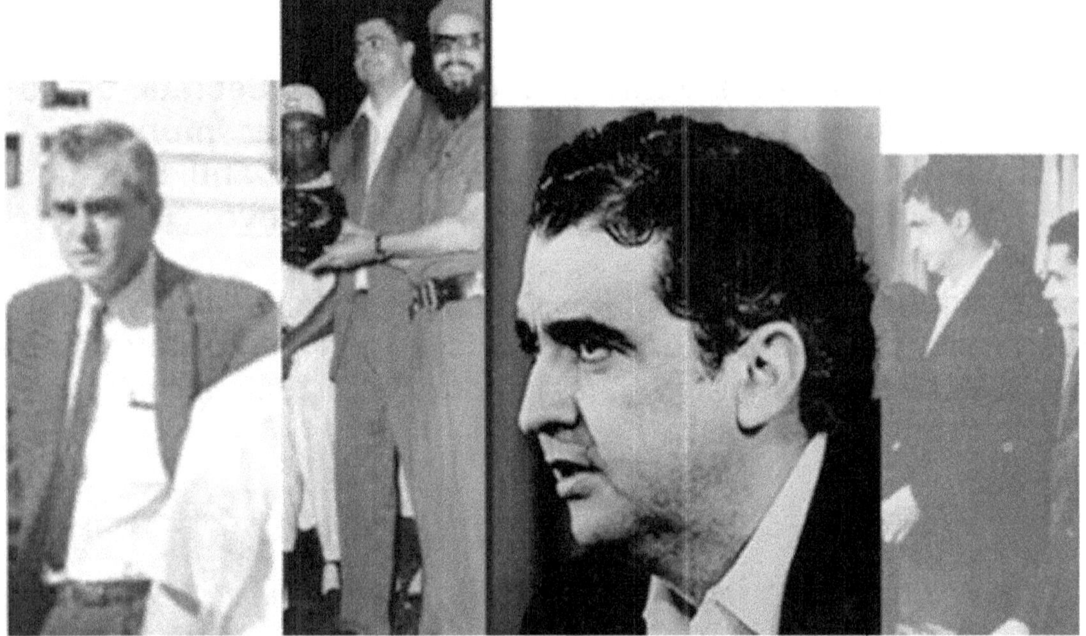

Cuba desempeño cargo como director de la actividad del deporte y después fue Ministro de Educación, en los años 70, fue sustituido en su cargo de Ministro y desapareció de la escena pública. Según informaciones no confirmadas, Castro le asignó a trabajar en una granja porcina cerca de Menocal, en Cienfuegos. En cambio, su hija, era miembro prominente del Grupo de Coordinación y Apoyo del comandante para los asuntos científicos en el área militar. Estudio Ciencias Matemáticas.

José LLanusa, Director del Instituto de Deportes, Educación Física y Recreación conocido por INDER con rango de Ministro, estuvo en contacto con Jack Ruby en Dallas, Nueva Orleans y Tampa en octubre y noviembre de 1963.

La foto fue tomada frente al Depósito de Libros, muy cerca donde Pina aposto a Policarpo Álvarez Pileta, el piloto que llevaría a Oswald, el supuesto doble de Oswald, que sería capaz de demostrar que Oswald estaba en la puerta en el momento del disparo, pero la camisa de cuadros sin bolsillo demostró que no era Oswald y un personaje que le dio un supuesto ataque epiléptico al momento del paso de la caravana, que todos pasaran la atención y las cámaras hacia la puerta y que por varios fotógrafos quedara la imagen del doble de Oswald.

Parece que la enfermedad epiléptica era la favorita de Víctor Pina, porque también a Fabián Escalante, le pusieron dentro de su leyenda la Epilepsia "Gran Mal" para que un doctor "confabulado" con la misma raíz que Fabio Grobart, José Cohen, Bernard Barker, Moray, David Ferrie, Rosselli y otros más infiltrados por la KGB, lo ingresara durante varios días en el Jackson Hospital de Miami y allí disfrutaba de un lugar seguro para los contactos u otras maniobras, como dejar un doble en el hospital y moverse hacia Cuba u otro lugar.

- **Número de registro de NARA: 104-10308-10143**
  RAUL JAIMO DIAZ ARGUELLES Y GARCIA

La identificación del General Raúl Díaz, la pude establecer por las dos fotos del extremo derecho, es la misma, una con el negativo normal y la otra opuesto. La boca esta inclinada en ambas fotos para diferente lugar, uno a la derecha y otra inclinada a la izquierda. Lo mismo ocurre con la foto con barba, donde se puede apreciar la boca indicando hacia la izquierda. Exposición de la boca hacia el lado opuesto en la foto de la extrema derecha es porque esta traspuesto el negativo como podemos demostrar en la foto inferior, con las letras en sentido inverso y su inclinada al lado izquierdo...

La frontera del cabello fue llevada exageradamente hacia detrás, lo cual le llamo la atención a Sylvia Odio cuando Días Arguelles se llegó tarde en la noche acompañado de Lee Harvey Oswald; Sylvia lo declaro así en la Policía y en la Comisión Warren. Díaz Arguelles se presentó con Harvey Lee Oswald en el apartamento de Sylvia para introducirle al americano que era de capaz de hacer blanco apagando una vela a 100 metros de distancia y que además estaba dispuesto   a   matar   a   JFK.

No queda espacio para la "duda razonable", este fue Raúl Díaz Arguelles. Queda alguna duda si yo sé con quién andas y te diré quién eres…entonces si andaban con Lee Harvey Oswald en Dallas…que pudiera ocurrírsele al General Escalante, que hacían un Comandante del G-2 en Dallas con el matador del Presidente JFK. Probado con los documentos de su entrada en Estados Unidos junto al Comandante Aldo Margolles, identificado por Silvia Odio, identificado en la foto saludando por última vez al Presidente JFK…además de su estancia en Chicago y Tampa.

Los cubanos de La Habana supieron de la localización y actitud de la señora Odio porque ella escribió a su padre, quien estaba preso en Cuba por un atentado a Fidel Castro. La carta debió ser interceptada por la Seguridad del Estado. Entonces asignaron a Raúl Díaz Arguelles para incluirla en esta operación de borrado de huellas. Arguelles se hizo pasar por dos personajes uno Loran Eugene Helt y por Leonardo. Están registradas sus llamadas por teléfono de ambos y se pudo detectar que el inglés no era coherente con su identidad. La visita tenía como objetivo dejar huellas falsas para involucrar a los Miami Cuban Boys en la muerte

de JFK, haciendo el papel de anti Castristas del movimiento Alfa-66, también los documentos desclasificados indican que las casas rentadas en Oklahoma y Texas para la operación contra JFK, estaban rentadas bajo el nombre de dicha organización.

 Los vecinos de las residencias pudieron identificar a los cubanos que ocuparon estas residencias y que se marcharon El mismo día de la muerte de JFK.

Documento desclasificado de la CIA que indica sobre la entrada del sujeto Raúl Díaz Arguelles con Aldo Margolles, penetraron a Estados Unidos a través de alguna Embajada en agosto de 1963.

El Cuban Boy de La Habana logró la infiltración del Capitán Emilio Aragonés y al comandante Raúl Díaz Argüelles visitando las instalaciones militares de entrenamiento en Luisiana, unidad militar del Ejército de Estados Unidos donde se entrenaban cubanos para la invasión del 1 de diciembre de 1963. El Capitán José A. Pérez San Román, jefe de la Brigada, Pedro Enconosa y Erneido Oliva, miembros de la Brigada 2506, y otros cubanos combatientes del exilio aun no identificados.

La presencia Havana's aparente role de por lo menos tres infiltrados de los Cuban Boys dentro del campamento en de visitantes junto a un grupo de alto nivel nos lleva a investigar quien los pudo introducir, bajo que justificación y que propósito asistieron a esta reunión, así como que tipo de información eventualmente obtuvieron los "infiltrados" en el campamento.

• Fabián Escalante Font aka Gilberto Policarpo López, jugo papeles de Epiléptico y esposo de una "abuela" en Tampa.

Fabián Escalante nació en Tampa, su abuelo con su mismo nombre fue secretario del General Calixto García durante la Guerra de Independencia. La familia Escalante miembros del Partido Comunista vivieron en Tampa por más de 130 años. Fabián conoció a Lee Harvey Oswald cuando la KGB propicio el encuentro, cuando un grupo muy selecto de cubanos pasaba una escuela de Contra Inteligencia en la misma ciudad que estudiaban los cubanos.

La identificación de Fabián Escalante resulto eficiente y fácil, gracias a los datos vio métricos del pasaporte que presento en México en noviembre 27/63 que coinciden 100 % con su persona real. El uso de los espejuelos resulta significativo y aporto el interés de desinformar sobre su identidad, así como las señales inequívocas dejadas en Tampa, entre otras la carta dirigida a Sergito, su hermano, así como su regreso a Cuba y retorno a Tampa.

CIA's Report for Gilberto Lopez

1. Attached are copies of a photograph of Gilberto LOPEZ, U.S. citizen, Subject of reference. This photograph was taken the night of 27 November 1963 at the Mexico City airport by Mexican authorities.

2. As previously reported, Subject secured a fifteen day Mexican tourist card (FM-8-#24,553) at Tampa, Florida, on 20 November 1963. Subject entered Mexico on this document at Nuevo Laredo on 23 November 1963 - the day after President Kennedy's assassination in Dallas, Texas.

3. Subject checked into the Hotel Roosevelt, Avenida Insurgentes 287, Mexico, D.F., at 1600 hours (Mexico City time) on 25 November 1963. He stayed in room 203 at this hotel. At 1900 hours (Mexico City time) on 27 November 1963, Subject checked out of the Hotel Roosevelt and at 2100 hours on 27 November 1963 Subject departed Mexico for Habana.

4. Subject was listed on Cubana Flight #465 of 27 November 1963 as the only passenger. A crew of nine (9) Cubans was listed. On departure from Mexico, Subject used U.S. passport #310,162 which contained a Cuban "Courtesy" visa.

(continued)

Attachment:
Photograph (3)

Distribution:
3 - WH, w/att

Gilberto Lopez

Sergio Escalante es identificado como el hermano más joven de Fabián, así como que nunca se supo que había padecido de epilepsia gran mal por Jorge Rodríguez, propietario de la Radio Emisora "La Poderosa y Cadena Azul", como Antonio Castell también compañero de aula quien fuera compañero de estudio de ambos hermanos en el colegio americano anterior a 1959, Candle College del Vedado, Cuba y por un médico que lo atendió profesionalmente en el Hospital Militar Carlos J.Finlay de la Habana y en el CIMEQ, Capitán de SM Noel Gumersindo Villa.

La supuesta Epilepsia fue un manto para cubrir los días que se desaparecía de Tampa y además tener un lugar seguro donde contactar con otros agentes.

El Dr. Irving Perlmutter fue un Neurocirujano judío comunista que cumple los mismos parámetros biográficos que Jack León Ruby, Bernard León Barker, Davie Ferrie, Mortimer Robson "Morthy", etc. todo prestaron servicio en las Fuerzas Armadas de Estados Unidos para crearse fachadas de confiabilidad, pero eran marxistas.

Fabián Escalante Font jamás ha padecido de Epilepsia Grand Mal, por lo tanto, el medico facilito cobertura con la enfermedad. El Dr. Perlmutter fue un colaborador de los Havana's Cuban Boys.

El General Escalante durante entrevista del documental "Cita con la Muerte", irónicamente evade la pregunta si estuvo o no en Dallas…respondió "Se han dicho tantas mentiras, que ya no se sabe que es mentira y que es verdad…el gobierno americano dice que estuvo en la Luna y a mí no me consta, porque han dicho tantas mentiras…justamente lo que dijo es cierto y es muy aplicable a el mismo, aun utiliza una nariz removible como vemos en la foto, una peluca, espejuelos, guantes para evitar dejar huellas y además se hace pasar por un paciente epiléptico, etc…quizás al que le dio el ataque epiléptico cuando pasaba la caravana pudo ser Fabián Escalante…se entiende perfectamente los trastornos del yo, que puede padecer viviendo entre tantas falsedades, son tantas sus mentiras escritas en los libros para defender a su jefe que el mismo ya no sabe que es verdad y que es mentira.

Nariz plástica supuesta utilizada por el General Fabian Escalante Font, el hombre que dice que se han dicho tantas mentiras que no se sabe ahora que es verdad y que es mentira, este es un ejemplo también que primero se coge a un mentiroso que a un cojo. En fotos públicas en los últimos anos….trata de alejarse de su personaje Gilberto Policarpo López.

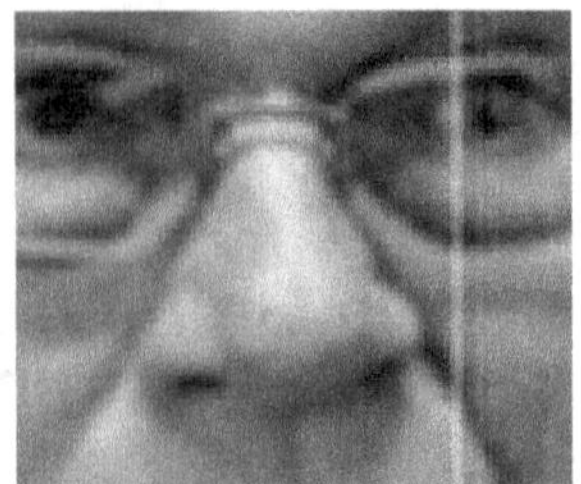

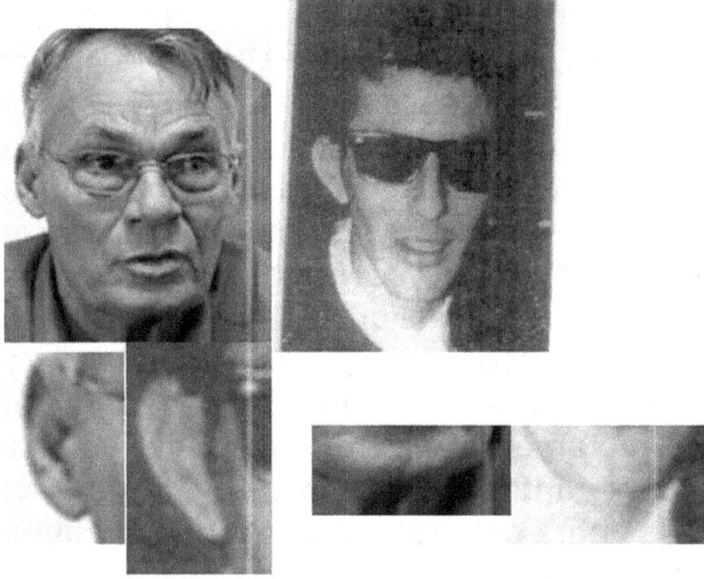

La nariz, pabellón de la oreja esta adherido al espejuelo, y su barbilla o mentón tiene el mismo corte en el centro. La foto de pasaporte del pasajero misterioso del Britannia de Cubana. Llego de Dallas y tomo el avión que lo esperaba. El Capitan Fabian Escalante junto a Policarpo Alvarez quien aparece en la foto al lado de la puerte del Deposito de Libros en el momento que la caravana de JFK gira frente al edificio estaba supuesto a evacuar a Lee Harvey Oswald de Dallas junto a Quintín Pino Machado, algo sucedió que no pudo ser como estaba planificado con auto con letreros del Partido Republicano apoyando a

Muchos oficiales le han dicho a Fabián que no utilice más las narices postizas, entre ellos el coronel Fisin, quien se la ajusta en el CIMEQ…pero no oye consejos.

El Capitán Fabián Escalante (1963) estaba supuesto a evacuar a Lee Harvey Oswald de Dallas junto a Quintín Pino Machado, el Grossi Knoll fue evacuado de visitantes por el doble agente Bernard Barker.

Bernard Barker, cubano infiltrado en la CIA quien utilizo una identificación del Servicio Secreto y fue identificado oficialmente por el Sheriff de Dallas   algo sucedió que no pudo ser como estaba planificado con el auto con letreros del Partido Republicano apoyando a Goldwater que estaba parqueado detrás de Deadly Plaza, cerca de la línea del tren. Entonces pasaron al Plan B, callar a Harvey Oswald, ya detenido.

Algunos autores han elaborado hipótesis que Oswald no utilizo la camisa para identificarlo, pero esta identificación pudo ser apropiada para el oficial de la Policía Tippit, quien manejaba un auto de patrullas, si es que existiera algún vínculo entre ambos y el asesinato de JFK.

Lo cual después de leer gran parte de la información disponible sobre Tippit, no parece hubiera ningún tipo de confabulación, ni la muerte de Tippit, tiene lógica, porque si Tippit tenía la misión de matar a Oswald nunca saco el arma y camino alrededor de su auto, sin ningún gesto que indicara su disposición a sacar su arma, solo identificar a un sospechoso con quien no quiso utilizar el arma. Muchos testigos desde el edificio apartamentos y la parada de ómnibus vieron claramente la escena.

La residencia de donde Oswald salía estaba rentada por la organización "anti-castro Alfa-66" dirigida en aquel entonces por Antonio Veciana, el gran matador con la "misión imposible" y vecinos vieron entrar a Oswald con una cortina donde el envolvió su rifle para transportarlo en ómnibus días antes.

La camisa de Oswald apareció en el parqueo de un dealer de autos. Para los cubanos, en especial para Fabián Escalante, no sería necesaria tal camisa, pues Oswald y Fabián se conocían desde años antes en la ciudad de Minsk, URSS.

Sobre la validez de estas informaciones existen evidencias documentales de que además, ellos estuvieron en contacto en Tampa desde el mes de Enero de 1963.

La bandera en la habitación es inequívoca señal que esta oficina era un lugar muy especial solo para quienes eran en aquellos años, ex miembros de los clandestinos del PSP, estas banderas soviéticas solo estaban en los locales sin acceso para civiles dentro las oficinas del Departamento de Seguridad del Estado, lo cual Antonio Veciana nunca lo ha declarado...ha dicho haber trabajado para Julio Lobo y el Ministerio de Comercio Interior. No obstante su conducta retroactiva demuestra que siempre, El y su familia de España fueron comunistas.

Antonio Veciana y el Comandante Raúl Díaz Arguelles. Ambos estuvieron involucrados en el asesinato de John F Kennedy.

Existen a lo largo de esta operación muchos maquillajes que vamos a descubrir pero hay algunos que aun a más de 50 años del hecho, siguen utilizando maquillajes y deformaciones del cuerpo como es El caso de Fabián Escalante…

En próxima foto encontramos al Cónsul de Cuba en México, Eusebio López (Víctor Pina) dentro de la Oficina de Policía de Dallas, justo cuando suenan los disparos contra Oswald. También maquillado y semicalvo…también descubierto más allá de la mentira inaceptable…del General Escalante.

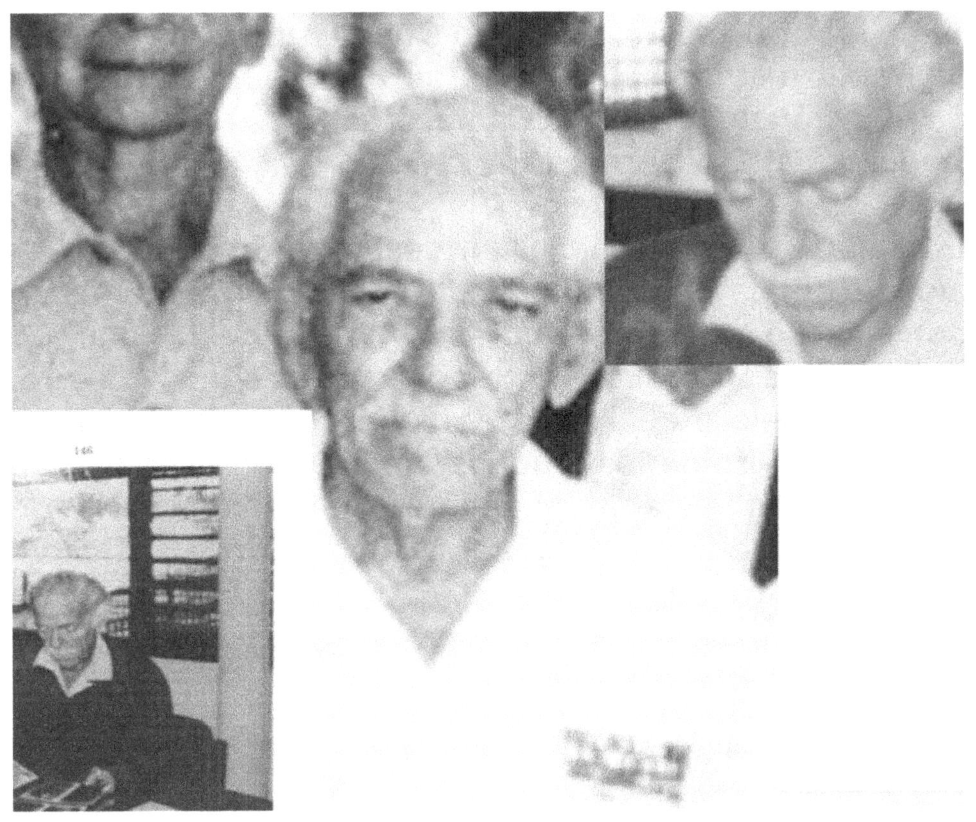

El Capitán Víctor Pina Cardoso, el Coronel y Maestro de la KGB, artífice de esta difícil trama de sucesos. Su nombre falso como el Cónsul en México Eusebio López Azcue. Supervisando cómo Jack Ruby cierra la boca de Harvey Lee Oswald dentro de la Oficina de Policía en Dallas, Texas.

Este grupo de aviones que habían sido privados, estaban localizados en dos pequeños hangares, al lado de la sección de Meteorología y Combustible en la cabeza de la pista del aeropuerto José Martí en Rancho Boyeros. Visitaban con frecuencia también los Capitanes Torres Menier y Luis Álvarez Tabio

El Capitán Víctor Pina Cardoso, también fue un Kommandeur der División der deutschen Armee, también Coronel (KGB) Dahud,

además Capitán Alberto, su manto como Cónsul fue reforzado por José Ricardo Rabel, a quien había preparado para su deserción en la Sección de Aviación de Viviendas Campesinas y es reclutado por la CIA, a propuesta del CIA Bernard Barker.

 El capitán Rabel (debrifing) al hacer su descarga de su debut en Estados Unidos, ratifica "la identidad de López Azcue como un arquitecto consagrado en reconstruir las viviendas destruidas por la dictadura de Batista", Lo cual nos reafirma su lealtad a Castro, como un   agente doble. Rabel se desempeñaba en Cuba con el grado de Capitán y piloto de los aviones ejecutivos al servicio de "Viviendas Campesinas" estaba obligado a saber el alto rango de Víctor Pina en la Inteligencia y en general sobre toda la Aviación, tanto civil como militar después de 1959.

En Marzo de 1963, Víctor Pina empezó a desempeñarse como el Cónsul de Cuba en México, y sus constantes viajes a Cuba porque se mantuvo en sus otras funciones de Gobierno. El Capitán José Ricardo Rabel regresa clandestinamente para Cuba una vez que JFK fue asesinado.

La Sección de Aviación de Viviendas Campesinas del INRA era una "institución pantalla" del Departamento de Seguridad del Estado para mover sus "operativos" de Inteligencia a terceros países del Caribe y Centro América o dentro de Cuba, en la practica el jefe era el Capitán Pina, quien durante aquellos años era el Jefe de todo el aparato de Seguridad del Estado y la Aviación civil y militar.
Detrás del Súper G Constellation de Cubana de Aviación, estaban tres edificaciones pequeñas, Meteorología que en su techo esta la manga que indica el viento reinante, una pequeña oficina de Combustible de CAISA y a continuación un hangar de láminas de aluminio corrugado con espacio para dos o tres aviones ligeros donde funcionaba Viviendas Campesinas.

Víctor Pina, quien supuestamente había salido para Cuba desde México en Noviembre 21, lo encontramos en Dallas en una foto tomada por NBC, como una persona parecida a Jack Ruby en el papel de "interprete de hebreo" sin credenciales pero en realidad era el Supervisor o hit man de emergencia de Jack Ruby, en su misión de cerrar la boca de Oswald dentro de la Oficina de Policía en Dallas, Texas.

La conducta de Jack Ruby, nos subraya una conciencia y una disciplina como la que exige el Partido Comunista, por encargo de una figura prominente del régimen como el Comandante Ernesto Guevara, esto sucedió en un contacto clandestino en Panamá, unas semanas antes. Esta reunión sirvió como un estímulo de refuerzo positivo y esta entrevista aparece registrado en el libro titulado "Che Compañero" de Jorge Castañeda, un mexicano comunista que fue Ministro de Relaciones Exteriores de México, pues lo tomo de fuentes oficiales y archivos en Cuba, según la fuente.

Víctor Pina (Eugenio López Azcue) Cuba / KGB Jefe de Operaciones Técnicas del Departamento de Seguridad del Estado

(G-2) dentro de la Oficina de Policía de Dallas cuando Jack Ruby disparó contra Lee Harvey Oswald. NBC Picture. Esta foto es una prueba concluyente de la participación de Cuba hasta en El último paso de la operación del asesinato del presidente JFK.

En la foto. Se destaca la "amplitud de la espalda" de Víctor Pina, aportada por las hombreras del saco, semejante refuerzo del ancho de su cuerpo, igual al utilizado con una guayabera, al momento de su detención por el Tte. Coronel Esteban Ventura Novo durante la huelga del 9 de Abril de 1958 en La Habana.

La revista "Life", quien hace el reportaje lo identifica como un operativo del comunismo internacional, pero increíblemente, no es identificado con su verdadera identidad siendo un funcionario de la Comisión de Aeronáutica Civil de Cuba, y jefe del Departamento de Licencias Aeronáuticas y no fue identificado por las autoridades, el presento credenciales y la personalidad de un periodista francés y además muy afeminado en sus gestos e inflexiones de voz. Muy diferente a su real personalidad.

Según me había confesado Pina este suceso especifico y muchos años después el comandante Jaime Costa lo reafirma con un testimonio espontaneo al ver la foto de Pina con Ventura al ser detenido, pero este contacto se derivó en convencer al "supuesto torturador" Tte. Coronel Esteban Ventura Novo, primo del Comandante y miembro del Buro Político José Ramon Machado Ventura, le propuso además como garantía para su integridad física la presencia de José Pardo LLada, después convertido en agente de influencia de Castro, sembrado en Colombia, esto se confirma su encuentro con Castro al final de sus días, semejante a El Gutiérrez Menoyo, como estos hay otros en el exilio con la misma misión. Con la diferencia que aparece en el listado de espías de la DIA, en este mismo libro.

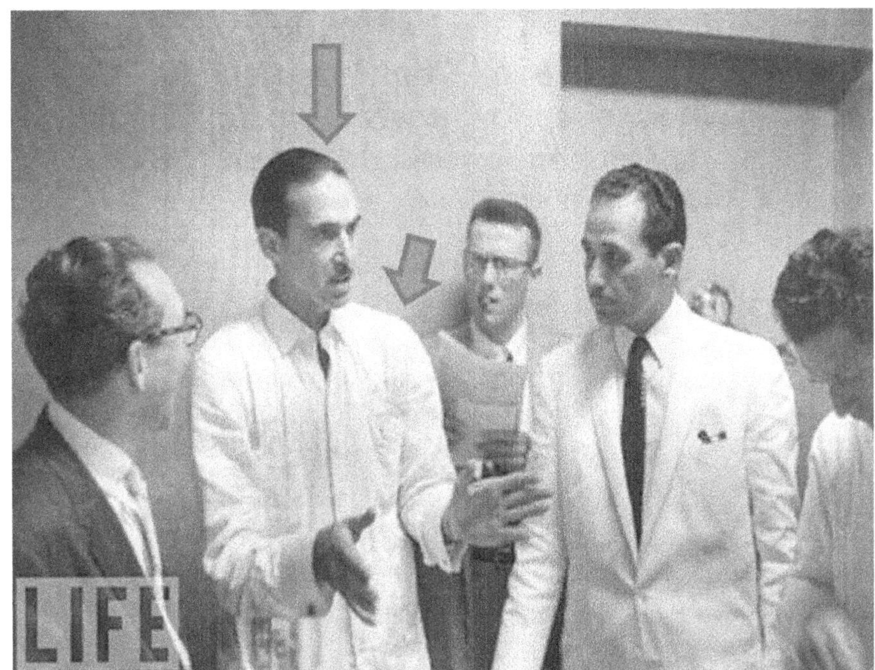

En la entrevista, Castro le propone darle muerte a Fulgencio Batista y entonces nombrarlo presidente provisional, hasta tanto, el restablecimiento de la democracia por medio de elecciones.

La reunión se llevó a cabo en La Plata a las 3 am después de un dia y medio de espera escondidos en un cayo de monte donde el Comandante Costa los mantuvo para protegerlos, la reunión termino a las 7 de la mañana en abril de 1958. Castro envió lejos a Ramiro Valdés porque este quería matar a Esteban Ventura Novo. Se me detalla el Comandante Costa en la entrevista grabada al efecto. Las flechas azules en la foto indican las partes del cuerpo que fueron alteradas para evitar su identificación, ancho de hombros sobre dimensionados con las hombreras de la guayabera, y la entrada del pelo asi como el pelo lacio que en realidad Víctor Pina lo tenía encrespado.

La Dirección de Identidad Nacional de la Policía Judicial parece haber tenido a Víctor Pina con huellas digitales o dactilares falsas. Nunca pudo ser identificado. Algo realmente significativo, así como sus largas ausencias del trabajo en la Comisión de Aeronáutica Civil de Cuba.

Además de hablar 6 idiomas, Pina era capaz de adoptar diferentes personalidades, como disléxico, enfermo, "loco", invalido, sordomudo, etc.

Del suceso completo que comenzó con su captura descrita en detalles en una entrevista grabada al ex Comandante Jaime Costa, participante directo de estos sucesos aparecerá en el libro La Sovietización de Cuba y sus Consecuencias del autor.

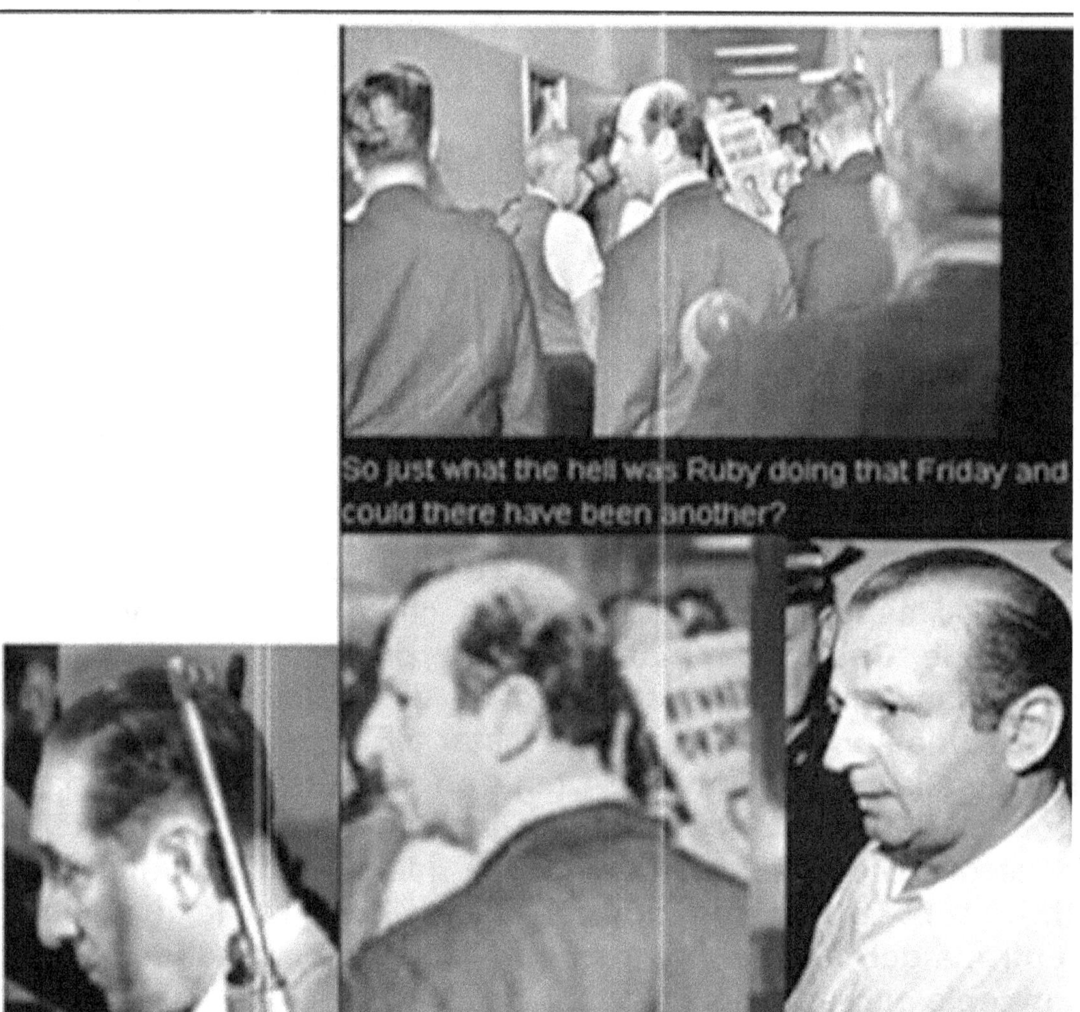

Un periodista de NBC, tomo la foto de una persona sin identificacin en la sala de la Oficina de Policia de Dallas y escribio que alguien estuvo tratando de ser confundio con Jack Ruby y dijo ser un interprete de hebreo que no habia encontrado a quienes lo habian contratado. Se trataba como vemos de Victor Pina Cardoso, que salio de Mexico cuatro dias antes y supuestamente reemplazado en su cargo por Miraval, su salida de Mexico oficialmente justificada porque su hijo Victor Pina Tabio estaba enfermo en La Habana. Todo la escena era para justificar su presencia en Dallas, Texas. Como podemos comparar el perfil de Victor Pina con Jack Ruby y existen muy pocos coincidencias.

La foto de la línea inferior de la extrema izquierda fue tomada el enero 10, 1959 durante la entrevista de Ed Sullivan para la TV de Estados Unidos, la foto del centro el Noviembre 24 de 1963. Es difícil una calvicie natural que avance, otras fotos de 10 años después en la foto oficial de la Comisión Warren cuando daba su testimonio parece de nuevo con toda su frondosa cabellera que siempre mantuvo.

NBC tomó el 24 de noviembre de 1963 a las 10:34 p.m. La imagen y ellos escribieron que algún periodista judío se hizo pasar por Jack Ruby. Él no es un periodista judío; realmente él es muchacho cubano de La Habana el Capitán Víctor Pina Cardoso, el Maestro y jefe de esta Operación.

La foto de la derecha es Jack Ruby y la foto de la izquierda es Víctor Pina con cabellos. Identificados por Ed Prida.

Víctor Pina Cardoso Oficial de la KGB, Nicolai Leonov Oficial de la KGB nombrado por Nikita Khrushchev en Moscú para supervisar la operación Jovenzuelo y Raúl Castro.

Foto tomada a bordo del barco italiano durante el retorno a La Habana, dos semanas antes del asalto al cuartel Moncada. Raül Castro fue detenido por traer documentos y propaganda de la URSS. Nicolai Leonov y Víctor Pina se lanzaron al agua y fueron rescatados por el padre de José Abantes y llevados a un almacén del puerto.

Nicolai Leonov permaneció en Cuba escondido en una cueva descubierta por el Ing. Antonio Núñez Jiménez, militante clandestino del Partido Comunista de Cuba y presidente del INRA después de 1959. La cueva está localizada en Menocal, Matanzas. Años después, este punto se convirtió en el Puesto Central de Mando alternativo y secreto de las Fuerzas Armadas de Cuba, cuando Diocles Torralba fue Jefe de Estado Mayor General de la FAR. Según, el comandante Jaime Costa, muy cerca de donde Fidel y un grupo de su banda, ajusticiaron a Camilo Cienfuegos.

El Plan de asalto al cuartel Moncada con El uniforme del Ejército Nacional contaba con una fuerza agregada de 600 hispano soviéticos armados acampados en el barco Soria en Santiago de Cuba. El objetivo era simular que la matanza de la población había sido obra del Ejercito para desmoralizar al gobierno de Batista, los falsos militares tenían identificación y hablaban español, si eran tomados prisioneros tendrían identificación del Ejercito para que la prensa creara la confusión.

 La cifra de muertos exigida por Nikita era más de 10,000 personas. La llegada tarde de Fidel Castro hizo abortar el Plan original de los soviéticos. Esto dentro del Plan de Subversión es la etapa para la Desmoralización.

A partir de Julio de 1953, los soviéticos dirigían a través de Nicolai Leonov de cómo y cuándo debía hacerse cualquier movimiento. Todo era guiado por Víctor Pina y Nicolai Leonov.

Identificamos y resaltamos la historia de estos personajes porque van a aparecer en la escena de la muerte de JFK. Veremos a estos dos personajes en todos los acontecimientos importantes y en otros que no hay registro fotográfico.

Hasta los momentos de escribir estas notas, Nicolai Leonov es el asesor y contacto directo de Raúl Castro con el gobierno de Vladimir Putin. Leonov alcanzo el rango de Segundo jefe de la KGB con el grado de General y además es miembro del Parlamento Ruso y Asesor de Vladimir Putin para los asuntos de Cuba. El escribió una biografía de Raúl Castro recientemente y distribuida solo a militantes del Partido, como en sus relatos anteriores todo es enmascarando la estafa y la traición de la URSS a los cubanos.

Víctor Pina desde el año 1967 fue alejado del poder abruptamente y regreso a su apartamento donde siempre vivió y con su V W amarillo que veremos en México. Murió en el 2005 siendo el hombre más vigilado por la Seccion KJ, la sección especial de la Contra Inteligencia Militar, según testimonio El Tte. Coronel Orlando Mayeta, ex Jefe del KJ de la Contra Inteligencia Militar, aquí en el exilio. Mayeta abandono la ideología comunista y se asilo en Canadá y fue asesinado en Miami por la CIM. Su esposa e hijos sufrieron crueles tratos de parte de los Coroneles Gil y Socorro, de la Contra Inteligencia de la Fuerza Aérea.

El coronel de la KGB Nikolai Leonov estuvo dentro de Cuba clandestinamente desde una semana antes del Julio 26, 1953, después en la cueva, otras veces en Cayo Coco por donde salía y en el Primero de Enero ya estaba en el Hotel Sevilla, estuvo en la Sierra Maestra con Alexei Alexeiev muchas veces. Algunas veces era infiltrado por submarinos soviéticos lo mismo por Manzanillo que por la Bahía de Nipe.

Leonov estará involucrado en las dos operaciones subversivas aplicadas en Cuba por la URSS. El comandante Raúl Castro y el KGB Nicolai Leonov en Sierra Cristal, Cuba, 1958. La inteligencia soviética tenía el control total de las acciones del supuesto Ejército Rebelde. Las operaciones de la guerrilla y su logística planificada desde años antes por la KGB.

El Comandante Pedro Luis Díaz Lanz, ex Jefe de la Fuerza Aérea Rebelde fue testigo de lo que fue "3 oficiales soviéticos se infiltraron en la Bahía de Nipe desde el submarino soviético y volvieron por la misma vía 3 días después". Su testimonio junto al de Edward Whitehouse está en los archivos del Congreso de Estados Unidos.

Como puede ver, Nicolai Leonov comenzó como supervisor de KGB nombrado por Nikita Khrushchev el 14 de julio de 1953 para el asalto al Cuartel Moncada, después en México preparando la expedición de Granma, en la Sierra Maestra, Crisis de los Misiles en 1962, el 5 de marzo de 1963 en Moscú en la toma de decisión de asesinar a JFK. Como parte de la Embajada soviética en México, conduciendo la operación con el Capitán Víctor Pina Cardoso (Eugenio López Azcue) con otros Coroneles de la KGB destacados en Washington y La Habana.

Todavía Nicolai Leonov es el principal "Asesor político" de Raúl Castro y Alejandro Castro Espín. Para los soviéticos o los rusos, un "asesor político" es la cadena de mando entre Moscú y La Habana.

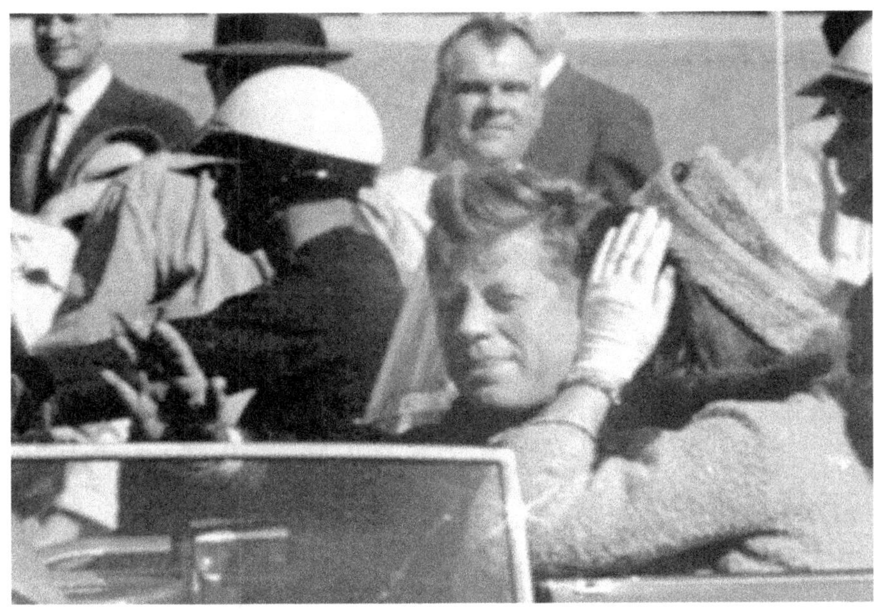

Durante mucho tiempo estas imágenes habían sido vistas por miles o millones de personas ... Solo los Havana's Cuban Boys en Dallas sabían lo que sucedería después de este momento ... en segundo plano, en primer lugar el Capitán Emilio Aragonés, en su espalda el Comandante Aldo Margolles y en la derecha el Comandante Abelardo "Furry" Colomé Ibarra. ¿Por qué están mirando la caravana de automóviles con una sonrisa para la cámara?

El comandante Abelardo Colomé en la parte superior izquierda, el Capitán Emilio Aragonés con la flecha roja y Aldo Margolles en la espalda. ¿Necesita más evidencias para considerar que Khrushchev y Castro prepararon la operación para matar a JFK?

Hay miles de documentos, fotos y argumentos lógicos que demuestran la participación directa en cuatro intentos de atentado, el primero en Washington con el comandante Juan Moleón Cabrera y el primer teniente Quintín Pino Machado, el segundo en el estadio de Chicago por Aldo Margolles, Raúl Díaz Argüelles, Emilio Aragonés y Abelardo Colomé Ibarra. El tercero fue en Tampa, FL, por el Capitán Fabián Escalante Font, Aldo Margolles y Raúl Díaz Argüelles.

Desinformación exclusiva, derroche de picardía cubana, hay que reconocerlo.

En esta foto histórica, llama la atención que algunas personas incluyendo los oficiales del Servicio Secreto giran su mirada a un estímulo especial, y se trata de una persona con un ataque epiléptico, pero este hecho fue preparado por Víctor Pina, para llamar la atención sobre la puerta donde está un hombre con parecido físico con Harvey Oswald y el fotógrafo contratado tiene la justificación de enfocar su cámara al suceso y parece como que casualmente Oswald fue tomado en la puerta y por lo tanto, Oswald no fue el ejecutor de los disparos, si está en la puerta, más tarde se descubrió que aunque tenían camisas semejantes, la del señor de la puerta, no tenía bolsillo.

La recuperación de los detalles de esta foto, gracias al profesor Larry Rivera, años más tarde por medios digitales, me dio la posibilidad de que el ex Cor. Alfredo Lima, piloto de la Fuerza Aérea de Cuba y ex preso político por 15 años, compañero de mi curso identificáramos sin duda al Capitán Policarpo Álvarez Pileta, piloto cubano que recogería a Oswald para llevarlo al aeropuerto ejecutivo de Dallas con rumbo "posible" a México o la base de San Julián, al oeste de Cuba.

Finalmente, en Dallas, Texas, por Quintín Pino Machado, Abelardo Colomé Ibarra, Aldo Margolles, Fabián Escalante y el Capitán Víctor Pina. Si desea conocer más detalles, lea "Los chicos cubanos de

La Habana en Dallas", le ofrezco saber los detalles del Plan Maestro, quién, cómo y por qué Castro y Nikita mataron a JFK. Esto no es ficción, fotos, documentos e historia que se conocen sobre las fuerzas de Castro en los Estados Unidos de América.

En la foto se puede identificar fácilmente a Policarpo Álvarez Piletas.

The man in the doorway identified
By Larry Rivera © 11/06/15

Para algunos investigadores el hombre de espalda con sombrero y bufanda es Jack Ruby.

El intercambio entre Ruby y el informante Bob Vanderslice de Dallas el 22 de noviembre de 1963 no fue contado a los manejadores del FBI hasta 1977, y los registros no explican por qué transcurrieron 14 años, informó CBS News. "El informante declaró que en la mañana del asesinato, Ruby se puso en contacto con él y le preguntó si le gustaría ver los fuegos artificiales", se lee en un registro del FBI fechado el 6 de abril de 1977. "Estaba con Jack Ruby y de pie en la esquina del Edificio Postal Anexo frente al

Edificio depositario de libros escolares de Texas en el momento del tiroteo. Inmediatamente después del tiroteo, Ruby se fue y se dirigió hacia el área del Dallas Morning News Building", continúa el documento. Otros han colocado a Ruby en el cercano edificio de Dallas Morning News ese día, pero Vanderslice puede ser el primero en colocarlo entre las multitudes que realmente presencian el asesinato.

 Los teóricos de la conspiración han tratado durante mucho tiempo de vincular a Ruby con el asesinato en sí, más allá de su papel indiscutible como asesino de Oswald. Los discos recién publicados no especulan sobre si Ruby usó la referencia de los "fuegos artificiales" como una metáfora inocente de "hoopla", o algo más siniestro. Ruby no le dijo nada inmediatamente después del tiroteo, dijo Vanderslice a los agentes. Los Archivos Nacionales publicaron más de 2.000 documentos relacionados con el asesinato a finales de octubre.

The National Archives released more than 2,000 assassination-related documents in late October.
Tal parece que Castro envió una delegación para despedir a JFK y Nikita otra delegación para una partida de football en honor a JFK, quizás si solo tenemos estas fotos cualquiera podría presentar esta hipótesis elemental. Pero cientos de documentos de la CIA, FBI, renta de casas, hospedajes en hoteles, maquillajes, infiltrados de Cuba en la CIA y cuatro atentados al Presidente JFK, no sería fácil justificar su presencia como una simple visita turística para ver de cerca al Presidente JFK.

Entre este grupo hay Viceministros de MinInt, oficiales con rango de Comandantes y un jerarca del Partido como Emilio Aragonés, no tiene muchos motivos para estar de buena voluntad en el lugar del hecho. Con estas fotos parece que muchas teorías de conspiración involucrando a la CIA contra el presidente JFK, no tendrán mucho que explicar...

En la la foto tomada en el lugar y momentos del hecho funesto, están el Comandante Raúl Díaz Arguelles, detrás El Comandante Abelardo Colomé Ibarra, el Comandante Aldo Margolles Dueñas y el Capitán Emilio Aragonés, Coordinador Nacional de la ORI. En el grupo un soviético no identificado con nariz y espejuelos, tenida de negro su cabello para enmascares.

El general Escalante se empeña en demostrar que en la escena del crimen o en Dallas en esta fecha estaba Antonio Veciana, Bernard Barker, José Ricardo Rabel, otros y es cierto, sí estuvieron en Dallas porque eran agentes de Cuba, no porque la CIA tenia intensión de matar a

JFK. Es la única verdad de Escalnte, Bernard Brker también fue identificado en el lugar del hecho, despejando el área del disparo e identificado por el jefe de la Policía de Dallas. El Capitan Rabel demuesta por su conducta ser una agente cubano, como ya hemos explicado antes pero también regresa Cuba.

Hubo agentes del FBI, Policías, Bomberos, CIA estaban cumpliendo sus funciones dentro del territorio de Estados Unidos. Lo que no es causal y está más allá de la duda razonable es que los oficiales cubanos que entraron en territorio americano sin documentación legal, estuvieran en vínculo con Jack Ruby y Lee Harvey Oswald durante meses y después encontramos a Víctor Pina supervisando la muerte de Lee Harvey Oswald dentro de la oficina de Policía de Dallas.

Gracias por esta contundente afirmación. Tenían hasta casas alquiladas a nombre de la organización que fundo Veciana, Alfa-66.

Tampoco recuerda el General Escalante que exactamente en el momento del disparo de Oswald, su "Tabarich" desde Minsk y Tampa, están los comandantes Abelardo Colomé Ibarra, Raúl Díaz Arguelles, Aldo Margolles y el capitán Emilito Aragonés, acompañados de Lady Babuska, la rusa maquillista, que le puso pelo a Emilio Aragonés. No te recuerdas, tampoco de tu nariz postiza al salir por el aeropuerto de México.

- Los "Moscow-Havana's Boys en México y Dallas"

No podría faltar Nicolai Leonov en toda la fatídica historia relacionada con la URSS y Cuba contra Estados Unidos en la Embajada Soviética en México en Noviembre 22 de 1963 a las El equipo soviético asesino jugaba al fútbol en el patio trasero de la Embajada soviética en la Ciudad de México a las 12:30 pm el 22 de noviembre de 1963. ¿Por qué los coroneles de KGB / GRU de servicio en Washington y La Habana estaban jugando al fútbol en la Ciudad de México? Se toan la foto justamente a la hora del asesinato, compruébelo con la posición de la sombra de la luz solar del medio día. Todos alegres, los rusos acostumbran a tomarse las

Coronel KGB Nicolai Leonov
•Coronel Nikolai Leonov
•Coronel Oleg Nachiporenko
•Coronel Georgi Bolshakov
•Coronel Valery Kostikov
•Coronel Pavel Yatzov
•Coronel Yuri Montinsky

.

Muchos cubanos saben que este auto V VV amarillo era propiedad

del Capitán Víctor Pina durante muchos años, fue transportado por un Antonov AN-12 de Cubana de Aviación a la Ciudad de México.
Pina utilizo este automóvil hasta que el general Raúl Castro le obsequió como un reemplazo un FIAT Polsky de 600 cc en 1985. Manejé este V W muchas veces, cuando el Capitán Pina visitaba mi casa en Rancho Boyeros.

El coronel Valery Kostikov de la Sección Z de la KGB, conocido por "mata 7". Estaba esperando la "noticia" por el Radio del auto el 22 de noviembre de 1963 a las 12:30 p.m. en la Ciudad de México. Nótese la sombra exactamente sobre las 12:00
Prueba de todos ellos sabían que sucedería en Dallas con JFK.

- **Dos Lady "Babuskas", solo una conocida**

Tendrá el gobierno cubano alguna respuesta más allá de las "mentiras irrazonables" con signos de admiración, con esta foto. Fabián, El americano, nacido en Tampa, que se negó a cumplir el Servicio Militar Obligatorio en Estados Unidos, donde nació, que se hizo pasar por epiléptico y se ingresaba en Hospital Jackson de Miami, gracias a otro comunista que le servía

de médico, que le escribía a su hermano Sergito, que se casó con una señora puertorriqueña en Tampa, que podía ser su abuela, tendrá que escribir el séptimo libro para inventar un argumento, bueno estas completamente desnudo, tranquilo que todo se sabe…ríndete.

Todos los caminos conducen a Roma, a pesar de la cantidad de obstáculos y señales falsas que pusieron en el camino, siempre también existen errores, no hay crímenes perfectos que parece sobre todo ser una Ley del Orden Divino, más que una Ley de los Hombres.

Las muchachas recién llegadas de Moscú, no se quisieron contaminarse ideológicamente con la moda americana y que tampoco les dieron dinero para comprar ropa americana y se vistieron con la típica forma de vestir ruso y ni siquiera de Moscú, más bien es una ropa tipo ucraniana, en esta forma de manto sobre la cabeza.

Pero podemos afirmar que existen dos Ladies Babuskas, la principal hasta ahora desconocida y no pueden ser las mismas porque la foto de la primera Lady Babuska al pasar El auto de JFK, no está acompañada de cuatro hombres altos y vestidos de traje.

Todos los cubanos están con pelo teñido de negro, Emilio Aragonés tiene pelo falso y teñido de negro y los otros tres hombres eran de pelo castaño claro, también tienen el pelo negro, podemos pensar como ya hemos dicho, que la señora que los acompaña era la técnica de desfigurar rostros.

Los años siguientes al evento, se identificaron a muchas personas que estaban presentes, quizás tratando de desviar la atención de los acasos reales, dejando huellas falsas y de confusión.

La primera Lady Babushka identificada esta vestida al estilo ruso estaba parada sobre la hierba entre Elm y Main Streets, fotografiando el momento en que dispararon a JFK, con una posición corporal masculina. Debido a que había llovido más temprano esa mañana, algunas mujeres en Dealey Plaza usaban pañuelos en la cabeza; pero, la lluvia había cesado a las 10 a.m., como sabemos los disparos fueron a las 12:30 p.m.

He encontrado, varios eventos de desinformación en la zona de los impactos de proyectil, está el ataque epiléptico, el hombre parecido a Oswald en la puerta, esta José LLanusa Gobel encontramos a Policarpo Álvarez Pileta, casualmente tos estos eventos están en el tramo donde aun JFK estaba con vida, de este punto hasta el hospital no tenían nada preparado.

Nunca se ha visto que imágenes tomo la supuesta cámara, que bien podría haber sido un dispositivo apuntador de refuerzo para que Oswald fuera más preciso en sus disparos o una cámara capaz de hacer al menos dos disparos.

Los cubanos y la otra soviética, no tenía instrumentos ópticos, ni fotográficos en sus manos, aunque sus espejuelos y la nariz artificial son evidentes. Luce extraño, que la Babushka del grupo de cubanos, con ropa y espejuelos de sol típicos rusos no hubiera sido tomada en cuenta por tantos investigadores aficionados, estando inclusive con un grupo atípico, cuatro hombres y una mujer.

Una visitante de Dallas, Marie Muchmore (que se ha convertido en una de las principales crónicas de ese día), La Babushka está las 0:41, detrás de un hombre, Charles Brehm, y su hijo de 5 años, Joe. Solo podemos ver su espalda, un abrigo largo color canela, sus manos están en la cara y las piernas abiertas como esperando una fuerza de un disparo.

En aquella época no existía la sincronización de los relojes por vía de satélite u otra forma, por este motivo los tiempos de las tomas fotográficas están ligeramente alterados.

Otro visitante fue Mark Bell, Babuska aparece a las 0:47 después de los disparos y los autos aceleran. Está de espaldas a la cámara, camina hacia el centro de la calle hasta el montículo de hierba. Ella esta incólume de pie y los demás corren o están pegados a la tierra.

Zapruder, la toma de frente a las 0:37, pero su cámara esta oculta y su rostro es borroso.

Los soviéticos tienen como táctica, cerrar las historias, pero aun así nada es perfecto. Siete años después, una amiga de Jack Ruby y que conoció a Oswald, como un miembro de la CIA, manto que estuvieron utilizando el grupo de Bernard Barker, Manuel Artime, David Ferrie, El Gutiérrez Menoyo, Antonio Veciana y José Ricardo Rabel como miembros de un Plan Anti Castro.

La bella Beverly Oliver afirma haber tomado vistas del crimen con una cámara Yashica Super 8, y argumenta que dos agentes del FBI le quitaron la cámara. que Oswald era miembro de la CIA.

Más rápido se detecta a un mentiroso que a un cojo, Beverly a los 17 años no tenía el cuerpo robusto de Lady Babuska, la cámara Yashica Super 8 estuvo en venta después de 1966. Para mi es evidente que Beverly recibió una orden por chantaje o dinero para involucrarse en estas declaraciones, un tanto absurdas y que la prensa le haya dado tanta importancia durante tantos años, es significativo.

Es evidente reforzar a Lady Babushka o desacreditarla, es realmente terminar con el "concepto" de la participación de los soviéticos en el caso JFK y de hecho, no llamar más la atención en lo adelante sobre la otra Babushka, que si estaba en ese grupo por un error táctico o ellos estaban para reforzar la misión de Oswald de asesinar a JFK, y los disparos certeros no necesitaron tal apoyo, que pudieron haber sido con explosivos, gases nerviosos, lacrimógenos, asfixiantes, etc.

Tampoco se justifica el grupo de los Havana's Cuban Boys en el lugar del hecho solo como simples espectadores.

Las hipótesis sobre la participación de cubanos y soviéticos, con la aparición de una ridícula afirmación de Beverly, tiene el propósito de hacer decaer la atención sobre el suceso, pues ella no tenía que presentarse voluntaria para aparecer sema involucrada al conocer a Jack y Oswald, e inclusive siempre aparece involucrada la tenebrosa CIA por los enemigos, para desacreditar como siempre lo han hecho.

Ref.:
Análisis del autor de los documentos desclasificados
Archivos del autor
Conversaciones y el Testimonio del Capitán Víctor Pina (Eusebio López Azcue, Cónsul de Cuba en México en 1963) coronel de la KGB.
Conversaciones con Rolando Barros
Conversaciones con el comandante Jaime Costa
Fotos y Documentos donados por Víctor Pina desde 1982, copiados en la Sección de Fotografía del IACC autorizados por el Comandante José Álvarez Bravo.
Fotos y Documentos desclasificados de la CIA se exhiben en el capítulo.

Capítulo 9

Cuba es un factor de desestabilización

El Pacto de Varsovia tenía como objetivo atacar
a Europa, durante los años 70 desplego una gigantesca
fuerza de Tropas Blindadas con el apoyo de misiles de
alcance medio (inferior a 3417.5 millas) de emplazamiento
móvil que la OTAN asignó el código SS-20.

La propaganda de los partidos de izquierda estaba dirigida
a que Europa Occidental se negara a fortalecer la OTAN,
para que la Unión Soviética fuera la mayor potencia en el
continente euroasiático. De esta manera amenazaban con
ejercer la hegemonía en el resto del continente.

Las medidas subversivas soviéticas corrían a través de las
organizaciones sindicales, estudiantiles y académicas poniendo
en activo millones de jóvenes para hacer y demostraciones

de protestas para que no existiera una paridad de fuerzas
nucleares en el continente europea.

La participación de Cuba después del Festival de la Juventud
y los Estudiantes (1978) incremento la actividad de los "pacifistas"
en Holanda, Italia, Bélgica y Alemania, quienes tenían la tesis de
aceptar la superioridad soviética en el Continente porque el
Socialismo representaba la Paz.

Estos mensajes confusos crearon conflictos en la política
Domestica especialmente en Alemania.

El canciller alemán Helmut Schmidt propone en 1977 que los
Estados Unidos negociaran con la URSS un acuerdo sobre
los "euromisiles" o, en caso de no alcanzar un compromiso,
que Estados Unidos desplegara en Europa occidental los misiles
que compensaran el desequilibrio causado por el emplazamiento
En los países de Europa socialista de los SS-20.

La NATO en 1979, toma la "doble decisión" si la URSS no
retiraba sus misiles SS-20 la NATO emplazaría 572 misiles
norteamericanos del tipo Pershing y Cruceros en los territorios
De Gran Bretaña, Bélgica, Holanda, Italia y RFA.

Entonces Reagan propuso la "Opción Cero" con la retirada de
los SS-20 a cambio de no emplazar los misiles Pershing y Cruceros.

Después de muchas negociaciones, la URSS abandono la mesa
De negociaciones en octubre de 1983.

Los cuatro años siguientes fueron típicas las protestas que se
incrementaban por días y llevo al gobierno de Alemania hacia una
Crisis interna.

La lucha entre los pro soviéticos y los realistas, la centro-derecha
alemana bajo el liderazgo Helmut Kohl termino con la firma de un
Tratado entre la URSS y Estados Unidos, eliminando los misiles de
Medio Alcance SS-20 y los Pershing y Cruceros.

La crisis acabó en 1987 con la firma del Tratado soviético-norte

americano que eliminaba los misiles nucleares de alcance
Intermedio en Europa.

La crisis energética, económica y política solo tenía una posibilidad:
la decisión de reformar la estructura del gobierno sobre dos líneas
De reformas: la perestroika y la glasnost.

La Unión Soviética enfrentaba reformas peligrosas para la
estabilidad de los regímenes totalitarios y el resto de los
países del Pacto de Varsovia rechazaron los cambios por
temor a perder el poder, Castro mantuvo su Ministro de Relaciones
Exteriores Isidoro Malmierca, durante meses visitando los países
del campo socialista tratando de conformar algún parche que fuera
capaz de detener el movimiento reformista en la URSS, "Golpe de
Estado o un atentado a Mijaíl Gorbachov" ambos eventos se
Ejecutaron, pero no dieron el resultado esperado.

Llego el golpe de Estado y el noveno hombre del Golpe de Estado
fue Fidel Castro, quien preparo con antelación un brindis en el salón
de protocolo con el Ministro de Justicia de la URSS, quien había
sido el coordinador del suceso, para el lunes por la noche, justamente
en la fecha del llamado "Golpe de Mano" para detener el derrumbe
de la URSS con el apoyo diplomático del resto de los países
Socialistas.

Los tanques tomaron Moscú. Mijaíl Gorbachov, bajo arresto
Domiciliario en la península de Crimea. Con este evento, la Unión
Soviética sufrió un cambio. Cientos de miles de ciudadanos
Salían a las calles de Moscú y Leningrado para defender sus
 nuevas libertades.

El presidente ruso que acababa de ser elegido, Boris Yeltsin,
Hizo un llamamiento incendiario buscando apoyo contra Migjail
 Gorbach…sobre un tanque ante la sede parlamentaria. Al tercer
día se desmoronó el golpe y los conspiradores huyeron.
Gorbachov regresó al Kremlin.

Y los conspiradores facilitaron la caída del Imperio, supuestamente
lo que ellos querían impedir.

Esto dejo a Castro, con armas de destrucción masiva, la su nueva estafa de guerra de Todo el Pueblo, que le garantizaba aun en ausencia de la URSS un sólido escudo nuclear e internamente un sistema Represivo y defensivo incalculable.

La Causa Uno limpio internacionalmente a Castro del argumento del tráfico de Drogas, no obstante, tomo extremas medidas de seguridad, traslado para la capital un regimiento de blindados cercano a su Residencia, Punto Cero. Desmantelo el Ministerio del Interior y su Escolta. La Contra Inteligencia Militar recogen todos los proyectiles y medidas especiales de seguridad con el combustible

Elimino por la vía rápida a Rene Rodríguez Cruz, Presidente del ICAP, complotado con la Droga y Secuestros de Personas, al ministro del Interior General de División José Abantes y a otros muchos no Conocidos.

Castro se sintió en peligro mortal, sus dos ll-62 en la cabeza de la pista 23 en Rancho Boyeros listo para despegar con las tripulaciones acuarteladas en sus casas, los hermanos Armando y Jorge Barreras, ambos capitanes y el rumbo posible de la evasión era Ecuador, para unos cayos que había comprado años antes y una compañía sueca de construcciones subacuáticas los había acondicionado, el otro punto de Escape podría ser Corea El Norte.

Poco tiempo después de esta Crisis, Isidoro Malmierca aparece dentro de una auto marca " Volvo" de color verde, el cadáver intoxicado Con el escape de gases del auto.

Los SS-20 en Cuba

Llegaron por el puerto de La Habana y los trasladan por la Vía Monumental hacia el Este de La Habana, la fecha de este suceso No la puedo precisar.

Cuba recibió de la URSS, ilegal y secretamente, misiles SS-20 de medio alcance, se desconoce el tipo de carga militar, podrían ser explosivo convencional, nuclear, química o biológica.

Muchos anos después uno de estos misiles hace una explosión accidental cerca de la ciudad de Santi Spíritus, en La Campana y mueren 68 personas.

Esta batería de misiles alrededor de 24 se emplazaron en La Campana dentro de las estribaciones montañosas del Es cambray cerca de Topes de Collantes en una instalación militar protegida de la vista exterior con una cerca de concreto de más de 3 metros de alto.

Recordando que siempre Castro ha sido suministrado de armamento nuclear. Después de la Crisis de los misiles, Castro rechazó la inspección del territorio de la isla por parte de Naciones Unidas, pero en algún momento después un Mariscal del ejército soviético escribió en sus memorias que la URSS dejo 96 artefactos nucleares en manos de Castro por orden de Nikita Khrushchev.

La información sobre la llegada de los SS-20 llego al presidente George Bush padre y conversó con Mijaíl Gorbachov por la "Línea Caliente" sobre la llegada de estos misiles por el puerto de la Habana y estuvieron la caravana delante del Hospital Naval toda una noche y más tarde se movieron hasta Colimar, paralizando El tráfico de la vía Monumental que comunica la Habana del Este con la capital.

Evidencia inequívoca de la veracidad es el artículo daño año 1994 sobre la llamada Crisis de los Misiles de Abril, de la cual muy poco se conoció pero aún persiste el peligro.

LOS MISILES DE CUBA EN ABRIL Por Rowl, Evans y Robert Novak 20 de mayo de 1991

El 25 de abril, los satélites espías estadounidenses descubrieron al menos uno y posiblemente "varios" misiles SS 20 prohibidos en Cuba, una contradicción escalofriante de la benevolencia de la superpotencia posterior a la Guerra Fría que ahora se encuentra bajo el escrutinio de la Casa Blanca.

Fuentes de inteligencia insisten en que no hay ambigüedad sobre la presencia del misil en Cuba, uno de los últimos bastiones comunistas del mundo, ni sobre su ilegalidad. Todos los SS 20 fueron prohibidos por el Tratado INF de 1988, y todos deben ser destruidos antes del 31 de mayo. Aparte de eso, el acuerdo Kennedy-Khrushchev que puso fin a la crisis de misiles cubana de 1962 prohibió los misiles ofensivos de Cuba, de todos los tipos.

Los funcionarios de la administración Bush están tratando de desarrollar una teoría plausible para lo que ven como una conducta audaz del ejército soviético y el presidente cubano Fidel Castro. Pocas acciones soviéticas podrían agitar los jugos patrióticos a lo largo del Potomac tan rápido como la transferencia de SS 20 a la dictadura de la isla caribeña. Esa es la razón por la cual las noticias se mantienen en secreto mientras el presidente Bush considera una cumbre en julio con Mikhail Gorbachov y ayuda especial para su país en ruinas.

La única explicación concebible parece estar vinculada a una condición menor en el tratado INF que permite lo que se llama "exhibición de piezas de museo" del SS 20, configurado para su visualización en un despliegue desarmado. Pero el tratado exige una consulta completa del gobierno soviético con los Estados Unidos antes de poner cualquier arma en exhibición pública. Un oficial de EE. UU. Nos dijo que no hay absolutamente nada que justifique la explicación del "artículo de museo".

Esta misma condición poco conocida fue empleada por los soviéticos y los cubanos cuando un misil de rango medio SS 4 prohibido por el tratado fue anclado en suelo cubano cerca de La Habana el año pasado por una fuerte objeción de los EE.UU. Su transferencia allí enojó a la administración Bush.

Cuando el Foreign Office soviético le dijo a los Estados Unidos que Moscú quería enviar un SS 4 a Cuba con ese fin, el Departamento de Estado protestó. A pesar del tratado INF, dijo, incluso un misil para turistas, capaz de disparar ojivas contra los Estados Unidos, dañaría las relaciones con los soviéticos y generaría una fuerte reacción política por parte de los políticos estadounidenses, en particular los republicanos conservadores. El episodio nunca ha sido ampliamente publicitado.

El entonces ministro de exteriores soviético Eduard Shevardnadze aseguró a los Estados Unidos en julio que no se enviaría ninguna SS-20 a Cuba. Los misiles ya estaban emplazados en Cuba, cuando ellos estaban pidiendo permiso para poner la cláusula del Tratado INF de dejar algunos para museo o estudio como base material docente.

Seis meses después, en diciembre, el Estado Mayor soviético envió subrepticiamente el misil a Cuba, y se estableció como una "pieza de museo". Se cree que la posición de Shevardnadze sobre este tema, y su rápida destitución por parte de los militares, fue uno de los factores que contribuyeron a su renuncia, cuando advirtió sobre la próxima dictadura soviética. Eduard Shavardnaze en su visita a Cuba se le puso a bordo del avión unas raciones de langostas Termidor y le cobraron por orden de Fidel Castro $100,000 por el bufete.

El descubrimiento de los SS-20 es un asunto mucho más peligroso para las relaciones soviético-estadounidenses. Llega en un momento de aprensión sobre el poder creciente de los militares dentro de un sistema soviético que parece destinado a detenerse. Sin embargo, los últimos estudios de la CIA sugieren que el gran país, dividido por el divisivo tema de la nacionalidad, una economía en bancarrota y el colapso de los programas de reforma de

Gorbachov, sigue produciendo armas estratégicas, incluidos misiles móviles, que eclipsan todo lo que se produce en los Estados Unidos. De hecho, es probable que el Congreso no financie ningún misil móvil en el próximo año para una fuerza estratégica estadounidense que aún no tenga ni uno de ellos.

Elementos no reportados de esta sorprendente atención al poder militar se han observado en Cuba, junto con el descubrimiento de uno o más SS 20. Se ha localizado una nueva unidad de inteligencia de señal (SIGINT) tanto por observación en el terreno como por fotografía espía-satélite cerca de La Habana. La guarnición militar que rodea la base naval de la Bahía de Guantánamo de la Armada de los EE. UU. Se ha reforzado con la incorporación de varios miles de nuevas tropas cubanas.

Más ominosos son los hallazgos de inteligencia que sugieren que Cuba, con respaldo soviético, podría estar desarrollando un reactor nuclear capaz de producir combustible para armamento en una nueva instalación cerca de Cienfuegos, la misma área en la que se han colocado uno o más SS 20 ilegales. Los soviéticos han tenido durante mucho tiempo una instalación sospechosa de manipular ojivas nucleares para armar sus submarinos nucleares estratégicos.

Documento desclasificado de la CIA sobre los SS-20 como pronostico del emplazamiento de los misiles en Cuba:

Este tema en se debatió en 1988. Esta conversación telefónica fue muy fuerte y debe constar en la Casa Blanca. La pude leer en el archivo del Chicago Tribune y comentarios sobre esta grave crisis escribió el periodista Robert Novak en el periódico Washington Post.

MEMORANDUM FOR: Chairman, NIC

FROM   : [   ] Acting NIO/USSR-EE

SUBJECT   : SS-20s and Cuba

1. <u>Thesis</u>.

I believe that the Soviets are positioning themselves to be able to deploy SS-20s to Cuba on short notice. The primary purposes of such a move, should they decide upon it, would be to prevent US INF deployment in Western Europe and to weaken the Atlantic alliance.

2. <u>Supporting Evidence</u>:

A. <u>SS-20s</u>. They have been or are being modified for tropical climates, i.e., for deployment outside the USSR.

B. <u>Political Preparation</u>: In discussions (most recently on ABC TV, Sunday, 14 February) Soviet representatives have been arguing that the 1962 Cuban missile crisis was resolved by having the USSR withdraw its missiles in exchange for a withdrawal of US IRBMs from Europe (Thors from Turkey).

C. <u>Military Developments in Cuba</u>: Over the last year the Soviets have upgraded their military representative to a 3-star general [   ] They have also increased their military deliveries to the Cuban forces, and given particular emphasis to Cuban air defense capabilities (<u>inter alia</u> by the delivery of SA-6 and additional MIG-23s, which improve the Cuban air defense capability no matter what their primary mission is.

considered in 1962) all the more costly and less certain of success --
particularly against mobile missiles; (3) Have Castro satisfied with Soviet
military support so that he does not have to be mollified post facto (as was
the case in 1962) if a Soviet-US deal were to result in non-deployment or
withdrawal.

4. <u>Soviet Purpose.</u>

In contrast with 1962, the Soviets do not have to search for a quick
expedient in order to close their missile gap. While the deployment of
missiles to Cuba would improve their current capability somewhat, I believe
its primary purpose would be to support Soviet political and military ends in
Europe. Deployment would create a political outcry in the States and face the
administration with unpalatable choices: (1) Take military action in much
less favorable circumstances than in 1962, risking both escalation and
increased European fear of US adventurism; (2) accept a new deal which would
make explicit the linkage between non-deployment of Soviet missiles to Cuba in
exchange for non-deployment of US missiles to Europe; such a deal would
preserve the current Soviet military advantage in Europe. More important, it
would be used to demonstrate to the West Europeans that US INF modernization
plans were really intended to serve US (not European) strategic purposes and
could be jettisoned unilaterally and at the expense of the allies in the US
search for its own security -- i.e., widen the wedge between the US and
Europe; or (3) Acquiesce, demonstrating both the US loss of power since 1962
and inability to match rhetoric with action, thereby doing incalculable damage
to the US global geostrategic position.

5. <u>Conclusion.</u>

To repeat, I do not see SS-20 deployments as imminent but do believe
that the Soviets are creating the military capability and the political
justification for it. Such a move -- while associated with substantial risk
-- would become more attractive to the Soviets if they were unable to stop INF
modernization in some other way and if they saw NATO coming closer to a final
decision point. The
implications of such a Soviet action would be so grave that I strongly
recommend that: (1) my analysis be examined for its logic and (2) if that
initial examination warrants, it be brought to the attention of policymakers
for further consideration and development of a US counterstrategy.

**Ahora, no cabe duda con el hallazgo entre sacos de azúcar de
misiles SS-20 dentro del carguero de Corea del Norte.**

Los periodistas como siempre calificaron estas armas de obsoletas para disminuir el la peligrosidad y el valor del hallazgo. La misma acción se repite una y otra vez, disminuir el nivel de peligrosidad del enemigo. Lo peligroso es que tantos estúpidos se las creen de manera relajada, tranquila y serena.

Las armas técnicamente no pueden ser obsoletas para los rusos en Cuba, estos aún tienen la capacidad de matar a miles o millones de personas, incluso sin ser precisos y modernizados. Sus principales enemigos están dentro y las cargas mortíferas las podría utilizar sin lanzar el misil.

Este nexo de Cuba y Corea del Norte destaca la estrecha coordinación y los objetivos comunes… los Estados Unidos.
Todo lo dicho, se manifiesta cuando en momentos de tensión se envía desde Corea del Norte al Ministro de Asuntos Exteriores (para reafirmar el orden de ataque (Ministro de Relaciones Exteriores de Corea del Norte Ri Yong Ho) conjunta entre ambos países)

La declaración 100% falsa:

En la década del 60, aun los rusos en Cuba mantenían 44 misiles de medio alcance con capacidad nuclear. Según reporte de Inteligencia

Release 2004/06/23 : CIA-RDP65B00383R000200230060-1

La declaración del Ministerio de Relaciones Exteriores dijo que "Cuba reafirmó su compromiso con la paz, el desarme,

incluido el desarme nuclear y el respeto del derecho internacional
". Nada más absurdo y grotesco insulto a la inteligencia ajena. Les
detectan misiles escondidos entre sacos de azúcar y dicen estar
defendiendo la Paz.

Dijo que el buque transportaba 240 toneladas de armas defensivas

obsoletas: dos complejos de misiles antiaéreos, nueve misiles en partes y recambios, dos aviones de combate MiG-21bis y 15 motores MiG.

La declaración cubana decía que todas fueron hechas a mediados del siglo XX y debían ser reparadas y devueltas a Cuba.

"Los acuerdos suscritos por Cuba en este campo se

SOVIET MILITARY STRENGTH IN CUBA — AN UNDERGROUND INTELLIGENCE REPORT

The following figures on Soviet armed strength in Cuba come from intelligence reports of anti-Castro underground organizations working inside Cuba:

Troops: At least 18,700 Russians, perhaps as many as 35,000, including five Soviet generals.

Missiles: Soviets removed 42, but 44 medium and intermediate-range missiles are reported still in Cuba, hidden in caves, manned by Russians. In addition, 140 or more ground-to-air or ground-to-sea missiles are in Cuba. All missiles are capable of carrying nuclear warheads.

Planes: 184 MIG fighters have been counted, capable of carrying nuclear bombs into U. S. Also in Cuba are 37 Soviet transport planes, 83 Soviet helicopters. No jet bombers are known to remain in Cuba.

Submarines: 12 to 15 Soviet submarines are manned by Russians, operate from at least four new Russian-built bases.

Tanks: 260 Soviet-made T-34s and T-54s.

Patrol boats: 32, including nine with launchers for nuclear rockets.

Guns: 1,900 artillery pieces, 2,200 antiaircraft guns, 2,720 mortars, 425,000 rifles and small arms.

sustentan en la necesidad de mantener nuestra capacidad defensiva para preservar la soberanía nacional",
Miente Cuba porque lo importante del cargamento no de misiles anti aéreos sino los misiles balísticos SS-20.
Si esos misiles están obsoletos, ¿por qué enviaron a reparar en Corea del Norte? Tienen 21 más en Cuba. ¿Por qué tienen que estar ocultos los misiles entre las bolsas de azúcar, si este tipo de armas es legal?

* Cuba es la Puerta Abierta y el Puente para el Comunismo en América

Cuba subvirtió la democracia en Venezuela e introdujo a Rusia e Irán como garantes de poder contra los Estados Unidos en el continente.

Finalmente, y quizás lo más significativo, a la organización terrorista libanesa Hezbollah se le ha permitido establecer una base en Cuba para agregar a sus instalaciones en la isla de Margarita en Venezuela y la región "tripartita" entre Paraguay, Brasil y Argentina.

"Asistencia Técnica"

A cambio, Irán ha brindado asistencia técnica clave a Caracas en las áreas de defensa, inteligencia, seguridad, energía e industria. Entre otras iniciativas, acordó construir una planta de explosivos en el estado de Carabobo y se sabe que produce armas en la fábrica de "tractores" en Bolívar. Además, la Guardia Revolucionaria de Irán se ha involucrado en la capacitación de los servicios secretos y la policía de Venezuela.
Irán, además, está preparado para ayudar a Venezuela en el área de la energía nuclear.

Esto representa un avance particularmente curioso, dado que Irán en realidad tiene una experiencia limitada en el uso pacífico de la energía nuclear, y que en cualquier caso la energía nuclear es una tecnología conocida y madura aplicada en numerosos países y por numerosas empresas de todo el mundo.

Por lo tanto, es razonable concluir que la "asistencia técnica" brindada por Irán (y Rusia) a Venezuela será con el propósito de encontrar y explotar depósitos de uranio.

Informes recientes de que Irán ha establecido bases de misiles en Venezuela, Este foto confirma que hay misiles en Venezuela, esto no parecen ser dos tubos de pasta dental.

Tráfico de drogas

El involucramiento iraní en el tráfico de drogas a través de Venezuela a América Central, México, EE. UU., El Caribe y Europa a través de África Occidental es extenso y está bien Intereses de

Irán en la región, así como al menos parcialmente financiar las organizaciones terroristas mencionadas anteriormente.

Los informes detallados de la Agencia Antidrogas y de las Naciones Unidas han informado sobre el extenso comercio de drogas desde el este de Venezuela hasta África Occidental, y luego hacia Europa.

Se cree que el suministro para este "oleoducto" proviene de las instalaciones iraníes en el delta del río Orinoco, donde los barcos "atuneros" y otros barcos cargan cocaína desde las instalaciones iraníes y luego se envían río arriba.

Otras rutas de narcóticos a través de Venezuela también canalizan la cocaína a través de Santo Domingo (Haití y la República Dominicana) hacia la costa del Golfo de los Estados Unidos y la costa oeste de Florida. La cocaína también se transporta por América Central, particularmente Honduras y Guatemala, hacia México y los EE. UU.

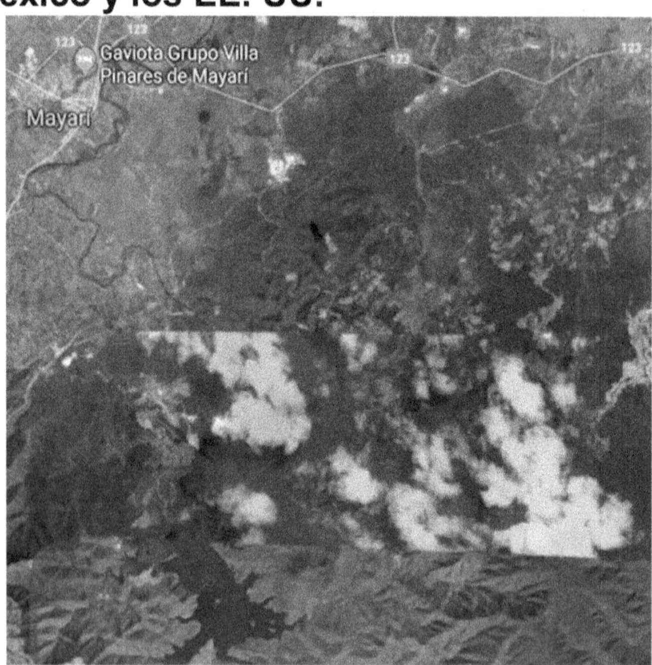

La protección del narcotráfico por parte de la Guardia Nacional venezolana es tan frecuente y notoria que la Guardia a veces es referida como un cartel de drogas adicional (Cartel de los Soles, después de la insignia de rango de la Guardia Nacional).

Cuba mantiene una instalación para producir cocaína en pasta, y otros narcóticos en la Sierra Cristal, al sur de la Bahía de Nipe. Las nubes cuadradas raras están para ocultar la instalación.

Gracias al plan cubano de subversión con Irán y Rusia están en Venezuela.

El segundo objetivo es facilitar el financiamiento de organizaciones radicales y movimientos terroristas en el Hemisferio. Esto incluye, ante todo, a Hezbollah, la milicia libanesa radical que sirve como el principal destacamento terrorista de Irán.

 En las últimas tres décadas, el régimen iraní ha facilitado el establecimiento por parte de Hezbolá de una gran presencia regional en todo el continente americano, y ha ayudado e instigado la participación de la organización en una serie de actividades ilícitas, desde el narcotráfico hasta el lavado de dinero.4 (En 2008, por ejemplo, la administración Bush acusó al diplomático venezolano Ghazi Nasr al Din y al empresario árabe-venezolano Fawzi Kanan de lavar dinero y de facilitar el viaje de miembros de Hezbollah de Irán a Venezuela.5) En los últimos años, el análisis académico ha también reveló el uso de mezquitas radicales en Caracas y otros lugares en Venezuela como un centro para las actividades de recaudación de fondos de Hezbollah, y más notablemente la existencia de "células de apoyo" de Hezbollah en la Isla Margarita.

Los iraníes están en franca expansión de sus recursos de Inteligencia en toda América del Sur para comprender mejor e introducir la presencia regional del régimen iraní.

Este reporte fue confeccionado por el American Foreing Relation por Norman A. Bailey, traducido textualmente.

- Listado de Espías "Cubanos de la Habana"

Cuba mantiene una red activa de inteligencia militar y política, subversiva, tecnológica, científica, académica, cultural y política de miles de hombres y mujeres, cubanos y de otras nacionalidades.

Agentes de Inteligencia cubanos conocidos y sospechosos en Eurasia, América del Norte y América del Sur. (Cuba Confidencial. Coronel Simmons DIA) Actualizado el 24 de junio de 2012

Ana Belén Montes (DIA)
Giraldo Abreu Morales
Ramon Aja Castro
Alina Alayo Amaro
Carlos Alfaras Varela
Roberto Alvarez Barrera
Miguel Amantegui Perez
José Antonio Arbesu Fraga (Master)
Ricardo Azcuy Rodríguez
Enrique Benavides Santos
Alberto Betancourt Roa
Orlando Boullon Castellon
Orlando Cabrera García
Ricardo Belén Cabrisas Ruiz
Pedro Brugues Ortega
Juan Carretero Ibáñez
Benigno Castellar Sánchez
Moisés Cheni Plaza
Dr. Carlos Díaz Larrañaga
José Díaz Puga
Alberto Díaz Vigo
Ricardo Espino Martínez
Manuel Estévez Perez
Ulises Estrada
Oscar Fajardo García
Cristóbal Fajardo Rabasa
Tomas Fernández Cisneros
José Fernández Perez
Ramon Fernández Rodríguez
Manuel Figueral Prado
Raúl Fornell Delgado
Armando Galán Arias
Mauro García Triana
Mario García Vázquez
Saúl González
Wilfredo González Ramírez
Manuel Guillot Pérez
Aleida Gutiérrez Acequiera
Francisco Iglesias Iglesias

Pedro Miguel Lobaina-Jimenez de Castro
Armando López Orta
Virgilio Lázaro Lora Quesada
Menocal Luis Martínez
Pedro Machado Fernández
Gustavo Machín Gómez
Roberto Mulet del Valle
Martin Navarro Báez
José Luis Ojalvo
Gregorio M. Ortega Suarez
Luis Palacios Rodríguez
Rene Pérez Acosta
Antonio Pérez Janeiro
José Luis Pérez Hernández
Adalberto Quintana Suarez
Pedro Luis Piñeiro Eirin
José Antonio Rabaza Vázquez
Francisco Ramos Alvarez
Luis Reyes Más
Aldo Rodríguez Camps
Rene Rodríguez Cruz
Eduardo Rodríguez Díaz
Fermín Rodríguez Paz
Alfonso Rodríguez Pérez
Mario Roque Tariche
Raúl Samper
Carlos Sánchez Bosquet
Armando Arle Sánchez Castro
Eduardo Sánchez Pena
Guido Sánchez Robert
Pablo de Jesús Sarduy Darías
Jorge Solís
Darío Urra
Jacinto Vásquez de la Garza
Raúl Valdés Vivo
Agustín Vargas Vargas
Fernando Vecino Alegret
Pedro Fumero
Ernesto Wong
Raúl Ceferino Zayas Linares

Reynaldo Zepeda Hernández

Conocidos y sospechosos de ser agentes de Inteligencia de Cuba en las áreas de América del Sur y el Caribe. Actualizado Febrero 20, 2016

Bienvenido Abierno
Juan Emilio Aboy
Ortelio Abrahantes Bacallao
José Abrantes Fernández
Ramiro Abreu Quintana
Manuel Abstengo Carmenate
José Raúl Acosta Campuzano
Juan Acosta
Teófilo A. Acosta Rodríguez
Philip Agee
Manuel Agramonte Sánchez
Uver Ángel Aguilar Sánchez
Ramon Aja Castro
Alina Alayo Amaro
Carlos Alfonso González
Alejandro Alonso
Guillermo Alonso Pujol
Percy Francisco Alvarado Godoy
Carlos Conrado de Jesús Alvarado Marín
Roberto Regalado Álvarez
Lázaro Amaya La Puente
Armando Tomas Amieva Dalboys
Carlos Eugenio Antelo Pérez
Raúl Aparicio Nogales
Guillermo Arrastia Fundora
José Antonio Arbesu Fraga (Master Spy)
Andrés Armona Ramos
Damian Arteaga Hernández
Noel Ascanio Montero
Juan Rafael Astorga Frometa
Francisco Ávila Azcuy
Roberto Asanza Páez
Eusebio Azcue López (Victor Pina Cardoso)
German Barreiro Carames

Gonzalo Bassols Suarez
Jesus Bermudez Cutino (General Ex Jefe de la Inteligencia Militar y
MININT)
Frank Bestard
Alberto Betancourt Roa
Jorge Bolanos Suarez
Alberto Boza-Hidalgo Gato
Emilio Brito
Orlando Brito Pestana
Miguel Brugueras del Valle
Ángel Brugues Pérez
Javier Martínez Buduen
Ricardo Cabrera Amoedo
Alberto Silvio Cabrera Barrio
Ricardo Belén Cabri sas Ruiz
Martin Tomas Cala
Maria del Carmen y Ruiz
Luisa Calderón Carralero
Armando Campos Ginesta
Raúl Antonio Capote
Osvaldo Cárdenas Junquera
Sergio Cardona Illizastigui
Julio Carranza Valdés
Juan Carretero Ibáñez
Jorge Castaneda
José Nivaldo Causse Perez
Joaquín Penton Cejas
Julio Sergio Cervantes Padilla
Carlos Sixto Chain Soler
Enrique Miguel Cicard Labrada
Carlos Coello
José Manuel Collera Vento
Carlos Manuel Collazo Usallan
Abelardo Colomé Ibarra (General /JFK)
Fernando Pascual Comas Pérez
Julio Concepción González
Luis Conte Agüero
Omar Ramon Córdoba Rivas
Vladimir Cruz
Luis Ismael Cruz Arce

José de Jesús Cruz González
Ramon Cesar Cuenca Montoto
Mario Dagoberto Diaz Orgaz
Roque Dalton García
Rafael Dausa Céspedes
Manuel de Beunza Rivero
Rene de los Santos
Ramiro del Rio
Adrián Francisco Delgado González
Eduardo Delgado Rodríguez Izquierdo
María Cristina Delgado Suarez
Luis Felipe Denis Diaz
Gastón Diaz Evaristo
Carlos Andrés Diaz Larrañaga
Santiago Eduardo Diaz Páez
Alberto Diaz Vigo
Antonio Diegues
José Dirceu de Oliveira de Silva
Helmut Doménech González
Fabian Escalante Font (General /JFK)
Ricardo Escartín Fernández
Héctor Esplugas Valdés
Mario Estebes Gonzales
Armando Ulises Estrada Fernández
Heriberto Falcon Medina
Pedro Fariñas Diaz
Osmin Fernández Concepción
Luis Fernández de Oña
Gonzalo Fernández Garay
Luis Fernández Ojeda
Antonio Bruno Fernández Pajón
Roberto Fernández Vásquez
José Fernández Vilela
Jorge Antonio Ferrera Diaz
Carlos Freites
Raúl Fornel Delgado
Humberto Omar Francis Pardo
Juan Francisco Fernández
Olga Francisco
Rubén Rafael Franco González

Arsenio Franco Villanueva
Osmel Fuentes Lavín
Guillermo "Bill" Gaede
Rico Galán
Héctor Pascual Gallo Portielles
Julio Cesar Gandarilla Bermejo
Alfredo García Almeida
Gilberto García Alonso
Fernando García Bielsa
Enrique García Diaz
José Antonio García Lara
Oscar Garcia Manzano
Jorge E. García-Bango Dirube
Justo Cesar Gelabert Martínez
José Gómez Abad
José Fernández Gondi
Fernando González
Marta A. González
Raúl González
René González Sehwerert
Saul González
Caridad Pérez González
Francisco González García
José González Marrero
Carlos Alberto Gonzalez Mendez
Elicio Gonzalez Moreno
Flavio Delfín González Nunes
Pedro Silvio González Pérez
Pedro González Pineiro
Wilfredo Gonzalez Ramírez
Victor M. Gonzalez Valdés
Gines Silvio Gorriz
Alfredo Victor Guerra Fernandez
Francisco Guerrero Veliz
Arturo Guzman Nolasco
Abel Haidar Elias
Geraldo Hernandez
Juan Hernandez Acen
Linda Hernandez
Nilo Hernandez

Rafael Hernández
Roberto Hernandez Caballero
Tomás Hernández Cruz
Norberto Hernandez Curbelo
Eduardo Hernandez Gispert
Luis Hernandez Ojeda
Daniel Enrique Herrera Perez
Manuel Hevia Cosculluela
José Miguel Hidalgo Rodriguez
Ramon Hurtado
Rogelio Iglesias Patino
Robert Infante Pupu
Jose Imperatori
Elpidio Interian Comezanes
Néstor García Iturbe
Jesus Jimenez Escobar
Florentino Jimenez Padron
Herberto Jorrin Munoz
Thelma King
Roberto Koro
Guillermo Jimenez Soler
Jorge Luis Joa Campos
Ramon Labanino
Jose R. Labrada Torres
Ida Paz Lago
Jose Lain Martin Gonzalez
Roberto Lasalle
Jose Francisco Llagostera Garcia (JFK)
Pedro Miguel Lobaina-Jimenez de Castro
Antonio Lopez
Adis Lopez Cervino
Julian Lopez Diaz
Armando Lopez Orta
Alfredo Luis del Valle
Jose Luis Ponce
Jorge Luis Rodríguez
Virgilio Lora
Ivan Luis
Remijio Luna
Felix Luna Mederos

Pedro Machado Fernandez
Gustavo Machin Gomez
Oscar Madruga
Rodrigo Malmierca Díaz
Manuel Celestino Marcano Carrasquel
Eduardo Martinez Borbonet
Roberto Marquez Orozco
Adelfo Martin
Sergio Martin Vidal
Manuel Martinez Galan
Sergio Manuel Martínez González
Fernando Martinez Heredia
Jose Maria Martinez Tamayo
Rene Martinez Tamayo
Jorge Ricardo (Jorge) Masetti
Jorge Ricardo (Ricardo) Masetti
Jorge Luis Mayo Fernandez
Jose Mendez Cominches
Tomas Isaac Mendez Parra
Enrique Miguel Mesa Levis
Felix Martin Milanes Fajardo
Jennifer Miles
Rafael Mirabel Fernandez
Alfredo Mirabell Diaz
Luis Molina
Luis Raul Molina Montes de Oca
Luis Mones Lafita
Michael Montanez
Renan Montero Corrales
Ana Belen Montes
Arqueles Morales Mendoza
Omar Morales Bazo
Miguel More Santana
Pepe Nova
Julian Novas Fernandez
Rafael Nunez
Alwin Artilano Odio Tamayo
Jose Ojeda Santana
Julio Cesar Oliva Perdueles
Manolo Orgalles

Ramon Oroza Naberan
Isaac Orrantia Orrantia
Dario Ortega
Rodolfo Paez Perez
Orlando Pantoja Tamayo
Ida Borja Paz Escalante de Gomez
Jose Paz Novas
Victor Pena
Leda Elvira Peña Hernández
Joaquin Rodobaldo Penton Cejas
Orlando F. Pereira Gonzalez
Santiago Perez
Jose Ramon Perez Ayala
Ernesto Perez De Cardenas
Earle Perez Friman
Luis Jesus Perez Martinez
Alfredo Jose Perez Rivero
Ramón Pérez Soria
Gerardo Perez Tejera
Alejandro Pila Alonso
Ricardo Porfirio Pimentel Roger
Pedro Luis Pineiro Eirin
Manuel Pineiro Losada
Berta Louisa Pla y Badia
Jose Luis Posada Torres
Orlando Prendes Gutierrez
Eugenio Prieto Valido
Carlos Puig Espinosa
Raul Pujol
Adalberto Quintana Suarez
Daniel Rafuls
Vivian Rafuls
Julio A. Ramirez Otero
Fernando Ravelo Renedo
Oscar Red ondo Toledo
Osvaldo Relova Penichet
Juan Manuel Reyes Alonso
Raul Reyes Goicochea
Jorge E. Reyes Vega
Pedro Anibal Riera Escalante (in prison)

Jose Miguel Roa
Raul Rodriguez Averhoff
Juan Manuel Rodriguez Camejo
Rene Rodríguez-Cruz
Ramiro Rodriguez Gomez
Ramiro Rodriguez Gonzalez
Rogelio Rodriguez Lopez
Juan Carlos Rodriguez Lueje
Jose Rodriguez Rodriguez
Charles Romeo
Mauricio Rosencoff
Juan Pablo Roque
Jose Francisco Ross Paz
Tania Rouco de Zayas
Alberto Manuel Ruiz
Alfredo Ruiz
Angel Ruiz
Orestes Guillermo Ruiz Perez
Homero Saker Rivero
Jaime Salas
Lino Fernando Salazar Chia
Ovidio Sama Viamonte
Ernesto Samper
Guilermo Samper
George Sanchez
Ramon Sanchez-Parodi Montoto
German Sanchez Otero
Gerardo Sanchez Robert
Carlos Manuel Lazaro Felix Sanchez y Basquet
Roberto Santiago Humet
Roberto Santiesteban Casanova
Joseph Santos
Ismael Sene Alegret
Pedro Serrat
Orlando Silva Fors
Amarylis Silverio Santos
Ramon Sinobas Casado
Juan Enrique Sosa Mompie
Mario Sosa Navarro
Amado Nicolas Soto Ga rcia

Carlos Augusto Suanes Flexas
Felix Suarez More
Edmundo Suarez Hernandez
Luis Suarez Salazar
Johana Tablada
Romilio Tambutti
Jorge Timossi Corbani
Armando Torres Mesones
Julian Torres Rizo
Neuris Trutie
Teudys Trutie Matilla
Dario Urra Torriente
Ramiro Valdes Menendez
Juan Valdés Paz
Edgardo Obdulio Valdes Suarez
Oreste Varela
Michael Vazquez Montes de Oca
Manuel Eugenio Vega Perez
Gustavo Veliz Olivares
Ernesto Vera
Ilya Felicia Villar Martinez
Ricardo Villareal
Felix Wilson Hernandez
Carlos Rafael Zamora Rodriguez
Tania Rouco de Zayas
Raul Ceferino Zayas Linares

Conocidos y Sospechosos Agentes de Cuba en Canada Hasta Diciembre 13, 2013

Bienvenido Abierno
Maria Caridad Abierno Gobin
Juan Emilio Aboy
Jose Abrante Fernandez
Ramiro Abreu Quintana
Jose Raul Acosta Campuzano
Juan Acosta
Teofilo A. Acosta Rodriguez
Philip Agee
Manuel Agramonte Sanchez

Uver Angel Aguilar Sanchez
Ramon Aja Castro
Alina Alayo Amaro
Carlos Alfonso Gonzalez
Alejandro Alonso
Guillermo Alonso Pujol
Percy Francisco Alvarado Godoy
Carlos Conrado de Jesus Alvarado Marin
Lazaro Amaya La Puente
Armando Tomas Amieva Dalboys
Carlos Eugenio Antelo Perez
Raul Aparicio Nogales
Guillermo Arastaguia Fundora
Jose Antonio Arbesu Fraga (Master Spy)
Jesus Arboleya Cervera
Andres Armona Ramos
Damian Arteaga Hernandez
Noel Ascanio Montero
Juan Rafael Astorga Frometa
Francisco Avila Azcuy
Roberto Azanza Paez
Eusebio Azcue Lopez (Victor Pina Cardoso / JFK)
German Barreiro Carames
Gonzalo Bassols Suarez
Jesus Bermudez Cutino
Frank Bestard
Alberto Betancourt Roa
Jorge Bolanos Suarez
Emilio Brito
Orlando Brito Pestana
Alberto Boza-Hidalgo Gato
Miguel Brugueras del Valle
Angel Brugues Perez
Rolando Salup Canto
Ricardo Cabrera Amoedo
Alberto Silvio Cabrera Barrio
Ricardo Belen Cabrisas Ruiz
Martin Tomas Cala
Armando Campos Ginesta
Osvaldo Cardenas Junquera

Sergio Cardona Illizastigui
Julio Carranza Valdés
Luis Carrera Martorell
Jose Nivaldo Causse Perez
Joaquin Penton Cejas
Sergio Cervantes
Carlos Sixto Chain Soler
Enrique Miguel Cicard Labrada
Carlos Coello
Alberto Coll
Carlos Manuel Collazo Usallan
Odilia Collazo Valdes
Abelardo Colome Ibarra
Fernando Pascual Comas Perez
Luis Conte Aguero
Omar Ramon Cordoba Rivas
Angelica Cruz
Vladimir Cruz
Luis Ismael Cruz Arce
Jose de Jesus Cruz Gonzalez
Ramon Cesar Cuenca Montoto
Roque Dalton Garcia
Rafael Dausa Cespedes
Manuel de Beunza Rivero
Rene de los Santos
Ramiro del Rio
Adrian Francisco Delgado Gonzalez
Eduardo Delgado Rodriguez Izquierdo
Luis Felipe Denis Diaz
Gaston Diaz Evarista
Carlos Andres Diaz Larranaga
Alberto Diaz Vigo
Antonio Diegues
Jose Dirceu de Oliveira de Silva
Helmut Domenech Gonzalez
Fabian Escalante Font
Ricardo Escartin Fernandez
Hector Esplugas Valdes
Mario Estebes Gonzales
Armando Ulises Estrada Fernandez

Pedro Farinas Diaz
Osmin Fernandez Concepcion
Luis Fernandez de Ona
Gonzalo Fernandez Garay
Luis Fernandez Ojeda
Antonio Brunol Fernandez Pajon
Roberto Fernandez Vasquez
Jose Fernandez Vilela
Carlos Fle ites
Raul Fornell Delgado
Humberto Omar Francis Pardo
Juan Francisco Fernandez
Olga Francisco
Ruben Rafael Franco Gonzalez
Arsenio Franco Villanueva
Osmel Fuentes Lavin
Guillermo "Bill" Gaede
Hector Pascual Gallo Portielles
Julio Cesar Gandarilla Bermejo
Alfredo Garcia Almeida
Fernando Garcia Bielsa
Enrique Garcia Diaz
Nestor Garcia Iturbe
Jose Antonio Garcia Lara
Oscar Garcia Manzano
Jorge E. Garcia-Bango Dirube
George Gari
Marisol Gari
Justo Cesar Gelabert Martinez
Jose Gomez Abad
Manuel Fernandez Gondin
Fernando Gonzalez Llort
Marta A. Gonzalez
Raul Gonzalez
Rene Gonzalez Sehwerert
Saul Gonzalez
Francisco Gonzalez Garcia
Jose Gonzalez Marrero
Carlos Alberto Gonzalez Mendez
Elicio Gonzalez Moreno

Flavio Delfin Gonzalez Nunez
Pedro Silvio Gonzalez Perez
Pedro Gonzalez Pineiro
Wilfredo Gonzalez Ramirez
Victor M. Gonzalez Valdes
Gines Silvio Gorriz
Alfredo Victor Guerra Fernandez
Antonio Guerrero Rodriguez
Arturo Guzman Nolasco
Abel Haidar Elias
Gerardo Hernandez Nordelo
Juan Hernan dez Acen
Linda Hernandez
Nilo Hernandez
Rafael Hernández
Norberto Hernandez Curbelo
Eduardo Hernandez Gispert
Luis Hernandez Ojeda
Manuel Hevia Cosculluela
Jose Miguel Hidalgo Rodriguez
Ramon Hurtado
Rogelio Iglesias Patino
Robert Infante Pupu
Jose Imperatori
Elpidio Interian Comezanes
Jesus Jimenez Escobar
Florentino Jimenez Padron
Herberto Jorrin Munoz
Roberto Koro
Guillermo Jimenez Soler
Jorge Luis Joa Campos
Ramon Labanino Salazar
Jose R. Labrada Torres
Jose Lain Martin Gonzalez
Roberto Lasalle
Jose Francisco Llagostera Garcia (Mexico-JFK)
Pedro Miguel Lobaina-Jimenez de Castro
Antonio Lopez
Adis Lopez Cervino
Julian Lopez Diaz

Arturo López-Levy
Armando Lopez Orta
Jorge Luis Rodriguez
Virgilio Lazaro Lora Quesada
Ivan Luis
Remijio Luna
Felix Luna Mederos
Pedro Machado Fernandez
Gustavo Machin Gomez
Oscar Madruga
Manuel Celestino Marcano Carrasquel
Roberto Marquez Orozco
Adelfo Martin
Eduardo Martinez Borbonet
Manuel Martinez Galan
Fernando Martinez Heredia
Jose Maria Martinez Tam ayo
Rene Martinez Tamayo
Jorge Ricardo Masetti ("Jorge")
Jorge Ricardo Masetti ("Ricardo")
Jose Mendez Cominches
Enrique Miguel Mesa Levis
Felix Martin Milanes Fajardo
Jennifer Miles
Rafael Mirabel Fernandez
Alfredo Mirabell Diaz
Luis Molina
Luis Mones Lafita
Michael Montanez
Renan Montero Corrales
Ana Belen Montes
Mario Monzon Barata
Arqueles Morales Mendoza
Miguel More Santana
Pepe Nova
Julian Novas Fernandez
Alwin Artilano Odio Tamayo
Jose Ojeda Santana
Julio Cesar Oliva Perdueles
Manolo Orgalles

Ramon Oroza Naberan
Isaac Orrantia Orrantia
Dario Ortega
Rodolfo Paez Perez
Orlando Pantoja Tamayo
Ida Borja Paz Escalante de Gomez
Jose Paz Novas
Victor Pena
Joaquin Rodobaldo Penton Cejas
Orlando F. Pereira Gonzalez
Santiago Perez
Jose Ramon Perez Ayala
Ernesto Perez DeCardenas
Earle Perez Friman
Luis Jesus Perez Martinez
Alfredo Jose Perez Rivero
Gerardo Perez Tejera
Alejandro Pila Alonso
Ricardo Porfirio Pimentel Roger
Pedro Luis Pineiro Eirin
Manuel Pineiro Losada
Berta Louisa Pla y Badia
Jose Luis Posada Torres
Orlando Prendes Gutierrez
Eugenio Prieto Valido
Carlos Puig Espinosa
Raul Pujol
Adalberto Quintana Suarez
Daniel Rafuls
Vivian Rafuls
Julio A. Ramirez Otero
Fernando Ravelo Renedo
Oscar Redondo Toledo
Osvaldo Relova Penichet
Juan Manuel Reyes Alonso
Raul Reyes Goicochea
Jorge E. Reyes Vega
Pedro Anibal Riera Escalante
Raul Rodriguez Averhoff
Juan Manuel Rodriguez Camejo

Rene Rodriguez-Cruz
Ramiro Rodriguez Gomez
Ramiro Rodriguez Gonzalez
Rogelio Rodriguez Lopez
Juan Carlos Rodriguez Lueje
José Rodríguez Rodríguez
Charles Romeo
Juan Pablo Roque
José Francisco Ross Paz
Tania Rouco de Zayas
Alberto Manuel Ruiz
Alfredo Ruiz
Angel Ruiz
Orestes Guillermo Ruiz Perez
Albor Ruiz Salazar
Homero Saker Rivero
Jaime Salas
Lino Fernando Salazar Chia
Ovidio Sama Viamonte
Gilermo Samper
George Sanchez
Ramon Sanchez-Parodi
German Sanchez Otero
Gerardo Sánchez Robert
Carlos Manuel Lázaro Félix Sánchez y Básquet
Roberto Santiago Humet
Roberto Santiesteban Casanova
Joseph Santos
Pedro Serrat
Orlando Silva Fors
Amaryllis Silverio Santos
Ramon Sinobas Casado
Nicolas Alberto Sirgado Ross
Juan Enrique Sosa Mompie
Mario Sosa Navarro
Amado Nicolas Soto Garcia
Carlos Augusto Suanes Flexas
Felix Suarez More
Edmundo Suarez Hernandez
Luis Suarez Salazar

Johana Tablada
Romilio Tambutti
Frank E. Terpil
Jorge Timossi Corbani
Cosme Torres Espinosa
Armando Torres Mesones
Julian Torres Rizo
Neuris Trutie
Teudys Trutie Matilla
Dario Urra Torriente
Juan Gabriel Valdes
Ramiro Valdes Menendez
Juan Valdés Paz
Edgardo Obdulio Valdes Suarez
Oreste Valera
Michael Vazquez Montes de Oca
Manuel Eugenio Vega Perez
Juan Velasco Alvarado
Pedro Luis Veliz Martinez
Pedro Jesus Vidaurreta Font
Napoleón Vilaboa
Ilya Felicia Villar Martínez
Ricardo Villareal
Félix Wilson Hernandez
Hugo Ernesto Yedra Díaz

<u>Lista del Col. Simmons DIA Cuba Confidential</u>
CubaConfidential.com

*Coronel Armando Lopez Falcon Representante de Cuba en la OACI Montreal Canada

- Es importante que esta larga lista y otras infinitamente mayor de agentes que no conocemos, vienen aquí con el propósito evidente de fomentar estos puntos que vemos a continuación. Detectar quienes fomentan estos puntos es una buena señal…

<u>Puntos para crear conflicto social. Escrito en 1919 en Alemania.</u>

1. Corromper a los jóvenes, alejarlos de la religión. Haz que se interesen en el sexo. Hazlos superficiales. Destruye su robustez.

2. Obtener el control de todos los medios de publicidad.

3. Alejar las mentes de las personas de su gobierno al enfocar su atención en espectáculos deportivos o absurdos, El fisiculturismo, la pornografía, libros sexys y otras trivialidades.

4. Divida a las personas en grupos hostiles al insistir constantemente en asuntos controvertidos sin importancia.

5. Destruya la fe de la gente en sus líderes naturales al llevar a estos últimos al desprecio, al ridículo y al obsequio.

6. Siempre predique la verdadera democracia, pero tome el poder tan rápido y tan despiadadamente como sea posible.

7. Al alentar la extravagancia del gobierno, destruir su crédito y generar temor a la inflación con El aumento de los precios y El descontento general.

8. Fomentar huelgas innecesarias en industrias vitales, fomentar desórdenes civiles y fomentar una actitud indulgente y suave por parte del gobierno hacia tales desórdenes.

9. Por un argumento engañoso causa El colapso de las antiguas virtudes morales, la honestidad, la sobriedad, la continencia, la fe en la palabra prometida, la aspereza.

10. Causar el registro de todas las armas de fuego con algún pretexto, con el fin de confiscarlas y dejar a la población indefensa.

 Conclusión sobre las relaciones de la URSS/Rusia y Cuba desde que ellos enviaron a Fabio Grobart a Cuba en 1925.

El propósito estratégico de las relaciones de Rusia con Cuba, no han sido, ni serán para defender a Cuba del "enemigo" que ellos mismos nos han creado. Cuba esta destinada para servir como base para atacar a los Estados Unidos. Desde 1962 a la fecha han mantenido diferentes tipos de armamentos y técnicas ofensivas contra los Estados Unidos.

Ref:
American Foreign Relation Norman A. Bailey February 2012 No. 5 Dr. Norman A. Bailey is President of the Institute for Global Economic Growth and Adjunct Professor o f Economic

Statecraft at the Institute of World Politics in Washington, DC. He previously served at the National Security Council and in the Office of the Director of National Intelligence. T

"Iran Using Venezuela Ties To Duck Sanctions: Report," Associated Press, December 21, 2008, http://www.google.com/hostednews/afp/article/ALeqM5h1fferlbgjsi06XFgTklru3hbatA. 21. Sarah Diehl, "Venezuela's Search for Nuclear Power – Or Nuclear Prestige," The Nuclear Threat Initiative, May 7, 2009, http://www. nti.org/analysis/articles/venezuelas-search-nuclear-power/. 22. Simon Romero, "Venezuela Says Iran Is Helping It Look for Uranium," New York Times, September 25, 2009, http://www.nytimes. com/2009/09/26/world/americas/26venez.html. 23. See, for example, Michael Braun, "Counternarcotic Strategies in Latin America," testimony before the House Committee on International Relations Subcommittee on Western Hemisphere, March 30, 2006, http://www.justice.gov/dea/pubs/cngrtest/ct033006.html. 24. Author's personal correspondence and contacts with regional experts, ongoing. 25. "Drug Control: US Narcotics Cooperation with Venezuela Has Declined," United States Government Accountability Office Report to the Ranking Member, Committee on Foreign Relations, US Senate, July, 2009, http://www.gao.gov/new.items/d09806.pdf.

https://cubaconfidential.wordpress.com/cuban-intelligence-personnel/known-suspected-cuban-officers-and-agents-in-the-us-or-canada/

http://www.prensalibre.com/internacional/golpe-contra-gorbachov-de-1991-sello-fin-de-la-urss

https://www.cia.gov/library/readingroom/document/cia-dp65b00383r000200230060-1

La información sobre la llegada de los SS-22 a La habana fue informada por mi a través de Mister Evans, funcionario de la SINA con fotos y el Dr. Juan Fco. Fernmadez recibió comunicación via telefónica desde Montreol, Canada reportando la llegada del documento y la felicitación del Presidente de Estados Unidos.

Capítulo # 10

- **Cuba puente de la subversión soviética "Operación Bravo" de la KGB de mayo de 1980**

La ejecución de esta operación subversiva fue programada con años de antelación por Yuri Andropov, Ministro del Comité Estatal para la Seguridad del Estado de la URSS.

El diseño de esta operación estuvo fundamentada por estudios académicos de las Ciencias Sociales tomado referencias de los análisis históricos de diferentes factores sociales como la Economía, la Demografía y la Psicología, un Análisis detallado de toda la información abierta o publica que pudieron obtener durante años sobre los Estados Unidos y Cuba, buscando la vulnerabilidad de la sociedad norteamericana y cubana, así como buscar la forma de destruir los basamentos éticos de la sociedad con la modificación de actitudes (limpieza de cerebro) .

La convulsión social y El vector resultante al introducirse las "medidas activas" que pueden emplearse con mucha facilidad en un sistema totalitario, sin tener en cuenta los derechos individuales, les resulto fácil crear un verdadero ejército "invasor" para desestabilizar El orden dentro de Estados Unidos y crear los cambios que pudieran socavar El patriotismo, la familia, la escuela y contribuir a la modelación del "Hombre Nuevo" que ellos necesitan crear en otros países para fomentar la fase de la desmoralización r y hacer más débil a los Estados Unidos .

Las acciones tomadas por el Gobierno son las llamadas son las "medidas activas" y se enlazan consecutivamente para crear condiciones parciales y escalonadas para al final provocar un evento que produce una apariencia de "fenómeno espontaneo y sorpresivo".

También se utiliza un manto que son las condiciones subjetivas creadas por rumores y opiniones creadas por la prensa y los dirigentes en sus discursos, que se convierten en Ley y guía para la acción inmediata.

Para el individuo medio resulta casi imposible concatenar o relacionar un evento con otro para demostrar o demostrarse a sí mismo, que el resultado había sido planificado y calculado hasta en los mínimos detalles.

Esta lección, nos ensena con suficiente elocuencia, nuestros enemigos preparan el terreno, nos llevan a donde ellos mejor les convengan y en el momento que ya no podemos escoger ninguna opción. Todo lo tienen bajo control.

No es ocioso, recordar un discurso de Nikita Khrushchev en Naciones Unidas cuando ya se sentía amo de la Isla de Cuba y sabía que desde allí podría primero debilitar y después atacar a los Estados Unidos. Aun es increíble, que los Estados Unidos no tenga en cuenta este plan que se ha venido cumpliendo de parte de ellos y los resultados nos golpean día por día a cada uno de los ciudadanos de este

La Operación "Bravo" fue un refuerzo a la operación subversiva que desde los años 40 comenzó con la escuela de Frankfort que hemos puesto a su alcance en el libro, anterior titulado "La Subversión contra Estados Unidos y Cuba".

 Si recordáramos y nos defendiéramos día a día del mensaje de Nikita Khrushchev al responderle a la Delegada de Filipina en Naciones Unidas que le pidió respeto por los derechos de los hombres y mujeres de los países invadidos por la Unión Soviética en Asia y Europa, quitándose irrespetuosamente su zapato y golpeo el atrio fuertemente y dijo:

"Los hijos de tus hijos vivirán bajo el comunismo. Ustedes los estadounidenses son culpables. No, no aceptarás la ventaja de Comunismo: pero seguiremos alimentándote con pequeñas dosis de socialismo hasta que finalmente te despiertes y descubras que ya tienes el comunismo. No tendremos que molestarte: debilitaremos tanto tu economía, hasta que falles como fruta demasiado madura en nuestras manos"

Estas palabras han sido proféticas, cada día los gobiernos locales nos imponen las "góticas de socialismo" en nuestras vidas, con el multiculturalismo, la inmigración, así nos dormimos, porque no les damos importancia, las dejamos pasar y nos dormimos en los laureles: todo cuanto ellos hacen con la droga, la corrupción, el terrorismo, la baja productividad, los gastos de defensa, los tiburones, la contaminación ambiental, los disturbios meteorológicos, las epidemias de una manera u otra degradan nuestra economía, nos hacen más débiles y vulnerables, este es el plan.

La operación "Bravo" se ejecutó entre los años 1975 al 1980.

El objetivo principal era introducir 128,000 cubanos en la Florida con el objetivo de desestabilizar hasta las más profundas raíces a los Estados Unidos. El Plan tenía diferentes etapas, cada uno de ellos con cierta cobertura o manto. Podría cualquier observador cómo fue posible con solo cancelar la posta policiaca de la Embajada del Perú, en Miramar el día 4 de Abril, en minutos tener miles de personas dispuestas a penetrar en una Embajada de un país que no simpatizaba con una postura anti comunista y que tampoco tenía razones, ni condiciones para ser hospitalario con los "gusanos cubanos".

Podría alguna persona imaginarse que esto era el comienzo de una crisis para forzar a los Estados Unidos a aceptar el ingreso en territorio americano de 130 mil personas.

Existía un precedente, la CIA había informado al Departamento de Estado que Castro tenía en planes descargar un gran números de ciudadanos cubanos como refugiados en EU, esto se reafirmó en Enero 30 de 1980 ante un Comité Selecto del Senado sobre Inteligencia, que probablemente la intensión era crear problemas raciales y motines para crear un ambiente de imitación con la invasión masiva de mexicanos, haitianos, dominicanos y otras nacionalidades del área del Caribe y Centro América.

La CIA también vaticino que el Plan incluía "crear un clima de violencia, disturbios, bombas, incendios, asalto a bancos, violaciones, con el objetivo de crear una ola de rechazo hacia los cubanos en la Florida y crear problemas al gobierno.

En el Plan estaban incluidos los puertorriqueños terroristas de New York, Chicago y Washington, Miami y los Ángeles. Este es el Plan de Castro, aseguro la CIA en el Senado.

Liberty City se convirtió en una víctima del Plan de Castro, una pequeña ciudad predominantemente poblada por afroamericanos, desempleados incitaron a un asesinato de un negro por un policía blanco y esto desencadeno sacar a los refugiados cubanos por quitar los empleos a los negros. Los turistas se alejaron de Miami, lo que hizo declinar la economía y aumentar el rechazo a los recién llegados.

Mientras el gobierno Federal envió 700 millones de dólares al gobierno local para crear condiciones para los recién llegados y cada día la conducta de algunos recién llegados se identificaban como delincuentes violentos, drogadictos, desviados y transgresores sexuales, que Castro había introducido entre los verdaderos refugiados.

Aún peores cientos de operativos de Inteligencia. Según un ex oficial de la Inteligencia de Castro, Gerardo Pérez, Castro tenía como Plan alternativo enviar otro contingente de 200,000 cubanos, sino le pagaban los danos por los 20 años de embargo para después abrir las conversaciones sobre la Normalización de las relaciones entre Cuba y Estados Unidos.

A una distancia de casi 40 años del suceso, como todo estaba planificado, las declaraciones del oficial de la DGI parece que estaba también dentro de la Operación Bravo, creando una imagen de solamente un chantaje económico y nunca hablo sobre Moscú y la introducción del HIV. Pero los mismos hechos demuestran que esto, no tenía la naturaleza que dijo Gerardo Pérez.

Veamos:

Entre 1975 se dieron en Cuba, eventos políticos de carácter mundial reuniendo fuerzas políticas, diplomáticas y militares contra Estados Unidos en función de los intereses de la URSS.

La Conferencia de los Partidos Comunistas y Obreros, la Cumbre del Movimiento de Países no Alineados, la Asamblea de la Organización de Solidaridad de los Países de Asia, África y América Latina, el Festival de la Juventud y los Estudiantes, más cado dos meses se recibía oficialmente un Jefe de Estados o Gobierno de los países del Tercer Mundo.

Estas movilizaciones populares creaban un movimiento político muy favorable a justificar una "buena impresión para los visitantes" para lo cual se aplicó la Ley 59 de Peligrosidad Social haciendo masivas "redadas" y operaciones contra los vendedores ambulantes como la operación el Pitirre en el Alambre, operación Petunia y la Operación Basura, más de 60 mil hombres fueron capturados y sometidos a juicios colectivos de 50 en 50 para recibir condenas automáticas de 4 años de privación de libertad. Las mujeres fueron acusadas de Prostitución en un número de unas 13,000 (acusación absolutamente falsa).

Tantos hombres como mujeres eran detenidos al bajar de un ómnibus, dentro de un cine o en la playa de manera arbitraria, cualquiera persona podrían ser escogido.

Los propios Jueces hicieron todo lo posible por detener aquella ola de injusticia y crueldad, muchas personas, tanto hombres como mujeres cometieron suicidio. Los jueces y abogados formaron una pequeña cabeza de playa con sus opiniones adversas a las medidas del gobierno y de inmediato, comenzó una operación llamada la "Toga Cagada" contra los funcionarios de la justicia que no estuvieron de acuerdo con la ola represiva, entre ellos el Dr. Nicasio Hernández de Armas, Presidente de la Sala Penal del Tribunal Supremo (muerto en prisión)quien había encabezado el rechazo de aquella injustica masiva, fueron presos entre los encausados estaba el insigne abogado y patriota Dr. Aramos Taguada (muerto en prisión) y otros muchos casi 200 abogados, fiscales y jueces fueron a cumplir también los 4 años, aparece también suicidado el ex Presidente de la Republica, luego Ministro de Justica, Osvaldo Dorticos Torrado, según la nota de Prensa, el motivo del suicidio fue un "dolor en la espalda".

Su muerte, sucedió en la madrugada de un viernes después de la reunión del Buró Político, donde había expuesto la conducta de Ramiro Valdés, recién nombrado de nuevo Ministro del Interior y Fidel Castro le dio la razón a Ramiro y ofendió duramente a Dorticos. Su cadáver no fue objeto de necropsia, el Dr. Francisco Ponce Zerquera, Director del Instituto de Medicina Legal fue llamado a las 3 de la madrugada para que extendiera el certificado de muerte, sin practicar la necropsia.

Toda esta ola represiva era para crear una alta presión interna que demandaba escapar a cualquier precio de la injusticia manifiesta de miles de personas encarceladas, sus familiares y amigos fueron los "conejillos que salieron despavoridos ante la oportunidad de salir del infierno creado contra ellos"

Durante estos cinco años, Cuba dio Golpes de Estado en Perú, Argentina, Irak, Yemen, Etiopia, Portugal y comenzó la Guerra que duro 15 años en Angola y Etiopia.

Muy activo trabajo de subversión en Panamá, España, Argentina, Uruguay, Chile, Colombia, Venezuela, Iraq, Yemen y Etiopia.

Todo esto respondía a los mandatos de la URSS para sus intereses hegemónicos. Una base naval en Lobito, Angola para el control del Atlántico Sur, otra base naval en Mediterráneo en territorio de Siria. Derrocar el gobierno de África del Sur e imponer a Robert Mandela para destruir y formar la guerra de negros contra negros, como es hoy África.

El Plan Bravo, y su alterno Alfa en realidad venía a reforzar y profundizar los "Once Puntos de la Escuela de Frankfort", ahora introduciendo con los enfermos psiquiátricos crónicos y los presos, una enfermedad de transmisión sexual letal.

Esta enfermedad trajo gastos bimilenarios en atención médica y tensión social con luto e inseguridad de contraer la enfermedad letal y desastrosa que hoy conocemos como HIV.

La desmoralización de la sociedad americana en escala superlativa. Además de introducir en la población carcelaria además de la epidemia de transmisión sexual, que al principio la bautizaron "solo para homosexuales" el sistema carcelario y su población de 70% de raza negra, toma un nuevo rumbo con una nueva cultura, que comenzaría dentro de las prisiones y luego saldría a la calle gradualmente de donde viene la llamada "contra cultura", impulsando a auto excluirse de los avances culturales y sociales a los afro americanos, induciéndolos a la rebeldía, extravagancia en las modas y formas de vivir, rechazo al trabajo y estudio, droga, juego, alcohol, prostitución, robo y amor por la vida fácil y alejarse de la defensa del país.

Todo lo que el enemigo necesita para tomar el país fácilmente, como dijo Nikita y Stalin. Me pregunto, por qué nuestros políticos no enfrentan con valentía estos graves problemas que cada día se agigantan.

Este paso fue ejecutado en el Mariel en casas de campana que armaban a partir de las once de la noche y las desarmaban a las 5 de la mañana I por un equipo de Servicios Médicos integrado solo por soviéticos.

La Crisis del Mariel, culmina con el envío de 128,000 cubanos como refugiados hacia Estados Unidos, España y Perú.

Este evento coincide con dos elementos anteriores que se unen en Mayo de 1980 para manipular las masas y crear la llamada Crisis de Mayo. Veamos los tres pasos:

Numero 1; El Ministerio de Defensa de la URSS en 1978 le entrega el Virus de la enfermedad que hoy conocemos como HIV a la KGB, porque no cumplía los requisitos militares para ponerse a bordo de los misiles intercontinentales, las epidemias seleccionadas debían ser letales en menos de 15 días.

Por esta razón la KGB contaba para esa fecha, 1978 con el virus para sus operaciones subversivas y decidieron introducirlo en Estados Unidos como lo testimonia el Jefe de BIOPREPARAD, de la Dirección de Guerra Biológica del Ministerio de Defensa de la URSS, el Coronel médico Ken Alibek en su libro (Alibek, K. and S. Handelman. *Biohazard: The Chilling True Story of the Largest Covert Biological Weapons Program in the World - Told from Inside by the Man Who Ran it.* 1999. Delta (2000) ISBN 0-385-33496-6 [1] page 223)

Inserto esta narrativa para y les invito a ver el documental del Dr. Eduardo Palmer "Alerta Roja" "Red Alert" en YouTube donde pueden ver al Dr. Ken Alibek y al autor de este libro, explicando los programas de la KGB en Cuba con relación a las Armas Químicas y Biológicas.

"Algo terrible ha ocurrido—dijo a través del teléfono Lev Sandakchiev, jefe del Centro Estatal para la Investigación de Virología y Biotecnología de la URSS.
Al otro lado, Anatjan Alivekov, director adjunto del programa de armas biológicas, ya se temía lo peor.
—¿Un accidente?—Sí, es Ustinov. Se ha inyectado el virus de Marburgo directamente en el pulgar. —Espera. Ya sabes cuáles son las normas. Mándame un criptograma. No digas nada más.

Era el 16 de abril de 1988. El experto virólogo Nikolai Ustinov había estado trabajando en su laboratorio y lo hacía, como desde hacía un tiempo, en el programa de armas biológicas de la Unión Soviética, Biopreparat, cuyas instalaciones estaban repartidas a lo largo de todo el territorio de la URSS y en el que trabajaban un total de 60.000 científicos. Ese día, entre las manos enguantadas de Ustinov estaba un virus «gemelo» del Abola desde el punto de vista clínico, pero aún más letal: el virus de Marburgo.

Cuando Ustinov iba a inyectar en una cobaya una de las cepas obtenidas en laboratorio, un ayudante chocó con él. La aguja traspasó los guantes y el virólogo sintió como se pinchaba uno de los pulgares. Fue inmediatamente aislado a la espera del desarrollo de la enfermedad, de la que no había tratamiento.

Los síntomas que vendrían a continuación no tendrían compasión: fiebre elevada, cefalea intensa, gran malestar...pero también diarrea intensa, dolor y cólicos abdominales, náuseas y vómitos, así como hemorragias de múltiples órganos.
Todo parecía ponerse en contra del científico: aunque no había una cura específica para el virus, algunos médicos habían llegado a la conclusión de que la gamma globulina administrada en las primeras 24 horas a la exposición podía contrarrestar los efectos del virus. Pero no tenían. Tardaron cuatro días en conseguirla. Para ese 20 de abril, Ustinov tenía ya fuertes dolores de cabeza y los ojos rojos, además de pequeñas hemorragias. Reconociendo los síntomas inequívocos de la enfermedad, el virólogo decidió escribir un diario para explicar cómo iba avanzando el virus.

La cepa resultante era especialmente letal en su forma aérea Aunque el programa de armas biológicas de la URSS estaba envuelto en el mayor de los secretismos, Anatjan Alivekov, científico ruso que llegó a ser primer director adjunto de Biopreparat, huyó en 1992 a EE.UU., se cambió el nombre por Ken Alibek y comenzó relatar los detalles del programa soviético.
Concede innumerable entrevistas y libros, «Biohazard: The Chilling True Story of the Largest Covert Biological Weapons Program in the World».

Fue Alibek quien explicó cómo las últimas páginas del diario de Ustinov estaban manchadas de sangre coagulada. Cómo su piel desarrolló hemorragias en forma de estrella y cómo, increíblemente, llegó a sudar sangre directamente a través de los poros, algo que los científicos jamás habían visto hasta ese momento.
La «variante U», se bautizó con el nombre de Ustinov en su honor.

Finalmente, Ustinov murió el 30 de abril. Pero lejos de deshacerse de los restos, los científicos que trataban de convertir el virus de Marburgo en un arma biológica conservaron sus muestras de sangre, el hígado y el bazo. Tras los análisis, la cepa resultante —el virus, tras ser incubado por

Ustinov, había mutado— era especialmente letal en su forma aérea, por lo que la mantuvieron viva, replicándose en laboratorio.

Según recogía el Centro Superior de Estudios de la Defensa Nacional español (Ceseden) en un informe del año 2000, la Unión Soviética tenía en 1991 capacidad para fabricar la variante U del virus de Marburgo. «Bastan cinco partículas microscópicas en los pulmones de un mono para conseguir que el animal muera. Como análisis comparativo, el ántrax convencional necesita 8.000 esporas alojadas en los pulmones para garantizar la infección y la muerte», decía el informe.

«La peculiaridad adicional de dicho virus es que podría ser cargado en las cabezas de los MIRV, con unos sistemas especiales de enfriamiento en cada una de las 10 cabezas cónicas que mantendría el virus con vida durante el calor de la entrada en la atmósfera terrestre», recoge el documento. El plan de la URSS era utilizar la variante U como un arma estratégico-operativa: elegirían un objetivo y, utilizando unos paracaídas, liberarían una nube de bio partículas que se harían rápidamente invisibles y se extenderían entre el enemigo.

Aunque la Unión Soviética llegó a ser capaz de fabricarlo en masa, la variante U del virus de Marburgo nunca llegó a formar parte de su arsenal biológico, que sí estaba compuesto por cerca de 20 toneladas de viruela seca de uso bélico y el ántrax ruso creado por Alibekov, que era más potente y letal que el convencional. Años después, durante una entrevista para el Center for Non Proliferation Mass Destruction Weapons, Alibekov reconocía su responsabilidad. «Lamento decir que yo sugerí el virus de Marburgo [como parte de la lista de armas biológicas que podrían ser utilizadas en guerras futuras]»."

ttp://www.abc.es/sociedad/20140811/abci-virus-marburgo-arma-biologica-201408101715.html

2do. La celebración en Cuba del Festival de la Juventud y los Estudiantes en Julio y Agosto de 1978, este evento facilitaron en primer lugar el reclutamiento de miles de jóvenes visitantes para colaborar con los órganos de Inteligencia de los países del Pacto de Varsovia y en especial a Cuba para la campana de Guerra Psicológica para desactivar los misiles del tipo Pershing de la NATO y ellos mantener la superioridad con los 9 Ejércitos de Tropas Blindadas para arrasar en ataque sorpresivo a los países de la Europa Occidental.

El Festival en Cuba cumplía otro objetivo fundamental para la Operación que luego realizarían, aumentar la represión contra una capa de población que se había mantenida de neutral a rebelde contra el régimen. Había que crear un estrato poblacional de "inaceptables para el sistema" llamados lumpen, antisociales, vagos habituales, escoria" estos calificativos adjudicados a una persona eran suficientes para estar en prisión por 4 años de acuerdo a la Ley de Peligrosidad Social, el número de afectados seria mayor cuando familiares y amigos sintieran la injusticia por identificados con las víctimas.

Solamente en la Ciudad de La Habana se hicieron más de 50,000 prisioneros masculinos y 13000 mujeres por el Delito de Estado Pre delictivo, por la Ley 59 que justificaba el "limpiar la imagen de Cuba

ante los visitantes del Festival". Eran juzgados colectivamente en grupos de 50, la misma acusación, la misma conclusión Fiscal, las mismas sentencias de los Jueces, todo unánime, sin excepción.

3ro: Esta masa reprimida, sus familiares y personas que consideraron injusto este procedimiento judicial masivo, preparo las condiciones para la estampida social hacia la Embajada del Perú y luego hacia los Estados Unidos en Mayo de 1980 como única vía de escape de los reprimidos.

Por otra parte, Castro había recibido en La Habana con mucha publicidad a los famosos "representantes de la comunidad cubana en Estados Unidos" la cual tenía preparada, para utilizarla en el caso que el Presidente James Carter rechazara a los cubanos que pedían refugio, Castro tenía preparado el detonador en parte del exilio para que abogaran por la reunificación familiar, etc. El show estaba fríamente calculado como dice mi amigo, Frank Alonso.

Esta estampida fue diseñada en detalles, porque era parte de una Operación Subversiva orquestada por Yuri Andropov.

La Academia de Ciencias de la URSS hizo un estudio durante años para reforzar el Plan Subversivo de la Escuela de Frankfort que había avanzado mucho más de lo esperado, pero aun prometía mucho más reforzarlo. Como bien explica el desertor de la KGB especialista en Subversión Yuri Bezmenov, ex Coronel de la KGB en sus conferencias sobre el tema. Gracias Yuri por tus informaciones y tu abnegación. Yuri Bezmenov fue asesinado en Montreal. Las conferencias están subtituladas en español. https://trinityatierra.wordpress.com/2009/10/14/ex-agente-desertor-de-la-kgb-yuri-bezmenov

Los detalles de esta Operación pueden ser leídos en el libro "La Subversión contra Estados Unidos y Cuba" del autor.

- **Actos de Repudio, Fascismo Corriente**

Se puede hablar de una guerra civil en Cuba en mayo de 1980. Fidel Castro dijo en su discurso del Primero de Mayo de 1980 "Es bueno que los enemigos se tropiecen con el puno de la Revolución" esto fue suficiente para que los CDR, con el Partido Comunista empujando detrás, comenzaron los actos de repudio con golpizas, ofensas, piedras, huevos, pintura, donde muchas personas quedaron ciegas o mutiladas, otras murieron.

- **Un caso entre miles**

El caso del hijo del Ingeniero de Vuelo de Cubana de Aviación José Barreiro, con 37 años de impecable servicios y Pepito cuando fue a pedir la baja del trabajo en Cubana de Aviación, lo desnudaron y amarraron en un fork lift en posición decúbito supino y lo pasearon por el aeropuerto y los residenciales cercanos al mismo, donde le arrojaron desechos de comida, basura, y con palos le lesionaron el ano, Pepito Barreiro quedo ciego por la pintura de cal y pudo llegar a España, la manada de esbirros fue dirigida por Hipólito Villamil Forte, militante del PCC y vecino del Reparto Calixto Sánchez.

Al Instituto de Medicina Legal llegaron 87 cadáveres por los actos de repudio y asedio, estos incidentes fueron ordenados por Fidel Castro. De los miles de casos ocurridos solamente en la Ciudad de La Habano, uno fue publicado con una versión completamente diferente a la real. Hubieron cuatro muertos, dos por proyectiles disparados por el Capitán de Tropas Especiales Ricardo López, alias Chomoncito, hermano del General Manuel López "Chomon", la esposa y el hermano del hombre muerto por proyectil fueron muertos a patadas y golpes propinados por estudiantes de Medicina que llevaron al lugar en ómnibus.

La mujer era rubia y su cadáver era completamente azul de los golpes que recibió. Dos días después me presente en el lugar del hecho en la calle Velarde en el Cerro y encontré en el borde de la calle un ojo azul y lo lleve a Medicina Legal donde yo trabajaba. El estremecedor hecho ocurrió a menos de un cuarto de milla de

Medicina Legal. Siempre he pensado sobre el recuerdo de aquellos episodios en los futuros Médicos que cometieron este cobarde asesinato. ¿Culparon a los Castros?

La Operación Bravo entre otros costos al pueblo de Cuba fueron más de 50,000 hombres y 12,000 mujeres jóvenes encarceladas por 4 años acusadas de prostitución (falsa) aplicando siempre la Ley 59 de Peligrosidad Social.

El HIV. Esta agresión soviética / cubana había resultado en millones de muertes de personas en todo el planeta, miles de millones de dólares en servicios médicos, familiares perdidos, familias rotas y la desmoralización nacional.
Ref.
Archivo personal del Autor
Testimonios del autor en el Tribunal Provincial de La Habana como Perito de Psicología Forense del Instituto de Medicina Legal. (1975 – 1981)

Conversaciones con el Dr. Nicasio Hernández de Armas Presiente de la Sala Penal del Tribunal Supremo
Conversaciones con el Dr. Aramis Taguada Abogado segundo dirigente del 26 de Julio Nacional en 1953. Abogado del Bufete de Abogados de la Calle Reina. La Habana.
Conversaciones con el Ministro de Justicia José Torres Santrail
Opiniones de muchos Fiscales y Jueces de aquella época.
The War of Blacks against Blacks by Peter Hawthorne

Capítulo # 11

El plan para culpar a los Estados Unidos de genocidio

Estas son potenciales amenazas a la Seguridad Nacional, pero en términos de Derechos Humanos de una manera incompleta y grosera podemos saber que en Cuba hay unas 586 cárceles para hombres, mujeres y niños con una población carcelaria de casi medio millón de personas, tal como lo utilizo en 1980, pueden utilizar esta masa humana tanto para exportarla como para crear graves disturbios en el momento que los necesiten.

El régimen introducido por Moscú en Cuba, gracias a la traición de Castro, el gobierno como un sistema institucional consiste en cuatro instituciones paralelas.

El primero es el Partido Comunista, líder absoluto en todos los niveles. El Partido está encabezado por el "Gran Hermano" y abarca todo el territorio nacional, por provincia, municipal y por cada centro laboral, militar o policial.

El partido tiene departamentos para cada tipo de actividad de los trabajadores, como ministerios, institutos, etc.

El Consejo de Ministros encabezado por el "Gran Líder" como principal rama ejecutiva. Tiene tres niveles geográficos y administrativos por cada ministerio, nacional, provincial, local y cada unidad tiene dentro del Partido Comunista y Joven Comunista como control público y vigilancia de la administración y de cada trabajador.

La Asamblea Nacional es una institución estrictamente formal o decorativa que se reúne en Asamblea Nacional dos veces en años para crear y controlar la actividad legal y administrativa de todo el país.

Puede proponer nuevas leyes, pero el miembro del parlamento, ni los delegados del Poder Popular a todas sus instancias por sí mismo no puede hacer ningún proyecto. Los proyectos son terreno absoluto del Partido cuando se lo oriente a los ministros. El voto es público con el 100% tradicional aprobado para cada idea inteligente de Gran Hermano.

Los Órganos de Control: Esto es Contra Inteligencia, existe por el Ministerio del Interior y por las Fuerzas Armadas, el represor y el controlador que trabajan dentro de cada institución civil o militar de maneras clandestinas en todos los niveles y solo subordinan y ejecutan la información a la cabeza.

Los oficiales tienen poder hegemónico para todo. El quién, dónde, por qué, cuándo, cuántos, etc. El 100% del tiempo cada archivo se actualiza por muchos niveles y de fuente diferentes.

Menos del 2% de la población tiene el privilegio de ser Militante de la Partido. Esta es la gran puerta abierta para obtener privilegios de posición social y política. La militancia es condición para ser jefe en cualquier caso, obtener una carrera universitaria, alojamiento, transporte, volar al exterior del país, consideración especial y privilegio en su trabajo, pero además impunidad absoluta.

Pero cada individuo está obligado a ser miembro activo de la "Organizaciones Masas" como el Comité de Defensa en su vecindario, miembro del Sindicato en cada centro de trabajadores, miembro de la Asociación de Estudiantes, Federación de Mujeres Cubanas, Pionera de los niños y niñas hasta 14 años. Milicia o Tropas Territoriales, etc. Ser miembro significa recibir órdenes para hacer trabajos como hacer guardias, limpiar las calles, pintar el edificio, recoger desperdicios, ser voluntario en la granja, reunirse, leer el periódico todas las mañanas, leer en grupo y dar opinión sobre los discursos de Castro, dos o tres durante meses, etc.

Cada actividad es evaluada por los militantes y la envían a diferentes instancias según se requiera.

Todos los ciudadanos tienen un expediente en los archivo del Departamento de Seguridad del Estado asociado con el número algorítmico de su Carnet de Identidad, que requiere la Ley ser portado permanentemente, si la autoridad Policial, lo requiere y no lo porta, va la prisión

Este número de identificación es un algoritmo aritmético donde participan la fecha de nacimiento, comenzando por el ano de nacimiento, el mes y el día, su género: 01 y 02, el siglo de nacimiento, un dígito en este número de serie que recoge todo tipo de datos personales y demográficos y el nivel confiable de cada individuo en una escala de rango del 1 al 9.

La Ley # 150 impone la movilización masiva en caso de que el riesgo de desestabilización, el peligro del gobierno, esta movilización está relacionado con este número ordinal en la escala, pues cada nivel de ciudadano tiene un tipo de túnel donde será "protegido".

Este último, es este valor de este ciudadano para el gobierno. También toman nota en relación con la familia y / o cualquier relación social. Cada vez que este individuo tiene una evaluación sistemática para saber qué nivel de confianza puede depositar el gobierno en cada ciudadano. Cada ciudadano necesita un informe y recibir permiso para mudarse o visitar a su familia o amigo, y mostrar este documento RD-3 en el Comité de Revolución de la Defensa, esta condición está estrictamente reforzada por la ley.

• "Guerra de todo el pueblo " o "La guerra contra todas las personas"

El camino legalizado para el exterminio de la población civil en el territorio ruso llamado Cuba.

Esta Ley, en su aspecto, oculta el propósito teleológico con su contenido descriptivo de las organizaciones participantes y, de manera muy general, describe la participación más bien burocrática de las instituciones políticas, militares y sociales involucradas y la preocupación de la base de material logístico para garantizar la vida de los protegidos.

Es necesario leerlo con espíritu crítico y conocer el escenario donde se desarrolló su alcance para darse cuenta de su peligro, este es el objetivo de este Capítulo.

La Ley de Defensa Nacional # 150, este dibujo realizado durante mi estancia en prisión refleja un pensamiento insistente sobre este delicado tema porque desde 1981, aprendí sobre la metodología de movilización de las FAR, luego durante el Ejercicio de Mando Práctico como Oficial de Reserva en el Regimiento 117 del municipio Cerro durante 4 meses, sabía cómo preparar esta trampa mortal para nuestros compatriotas bajo el nombre de Guerra de todo el Pueblo, que realmente es la Guerra contra el Pueblo.

El paralelo perfecto entre las escenas de Camboya y Cuba nos explica cómo los Castro tenían y tienen toda su estructura militar y represiva más la manipulación de la prensa en función de exterminar a la población civil de Cuba de manera silenciosa y justificada cuando lo entiendan necesario.

Dibujo original hecho con orina y humo negro, la "tinta de cárcel" para hacer tatuajes. Prisión de Quivican/1995.

Pude ver el video, considerado Secreto de Estado del Comité Defensa Ampliado del Consejo de Estado cuando Castro explicó a los miembros de este Comité cómo hacer la Movilización masiva en detalle y cómo usar el Sistema Nacional de Túneles.

Recibí este video del General José Abrantes, ex ministro del Interior para enviarlo al exterior, cuando estaba en la prisión de Guanajay, en 1990, poco antes de que fuera asesinado, con un shock salino. El Departamento de Estado fue depositario del video a través de Mr. Evans de la SINA. (1990). El mayor Florentino Aspillaga de la DGI también habló en los Estados Unidos sobre este Plan de Asesinato en masa, también conocido por él.

Prueba del impacto positivo de los planes de Pol Pot en Fidel Castro, fue galardonado en Cuba con la más alta distinción del Consejo de Estado de la República de Cuba, la Orden del Héroe Nacional "José Martí"; otra distinción que el monstruo camboyano recibió ha sido otorgada por el Libro de Registro de Records de Guinness, "Pol Pot, el hombre que ha matado a más personas en menos tiempo".

Unos meses después de su visita a Cuba y de ser objeto de la atención protocolar del Jefe de Estado, este sanguinario tirano llevó a cabo el asesinato más cruel conocido en la historia, pero inmediatamente estos desafortunados eventos ocurrieron como resultado de las facultades absolutas que confieren los gobiernos de la hermandad comunista internacional.

La similitud de las condiciones de aplicación y el propósito de la Ley 150, tienen la experiencia de lo que sucedió en Camboya, pocos días después del derrocamiento del régimen camboyano, Vilma Espín de Castro, presidenta de la Federación de Mujeres Cubanas, miembro del Buró Político y Ministro de Alimentación y Química por "debajo de la mesa", visita Non Penh, capital de Camboya, acompañado por la Teniente Coronel de la Dirección General de Inteligencia, sección Europa Occidental, Magaly García acompañante de Vilma Espín para tomar experiencia de primera mano cómo se había instrumentado el Plan de Pol Pot con la narración de experiencias y detalles del evento en el contexto, después cuando lo expuso al Buró Político, esto "inspiró" al Comandante en Jefe, quien quedó muy impresionado con la eficiencia del método utilizado por su "héroe" Pol Pot e Ian Sari.

Inmediatamente Castro dio la orden al **MINFAR** para que elaborara una Ley para la Orden de Movilización Nacional en estado de guerra o emergencia nacional y coordinar el uso de todos los medios para "preservar la población civil".

Esta preservación de la sociedad civil tenía como objetivo principal justificar la neutralización absoluta de la población que podría usar su potencial para rebelarse contra el poder del régimen aprovechando un ataque desde el exterior o cualquier evento político que pusiera en peligro la estabilidad del régimen soviético / castrista.
Como afirma Fidel Castro en el video, "una vez en los túneles las bombas enemigas se encargarían de justificar el derrumbe de los túneles y la muerte de miles de civiles refugiados".

Ref.:
Testimonio y Archivos del autor
Ley # 150 Defensa Nacional
Ley # 59 Ley de Peligrosidad Social

Capítulo #12

Guerra biológica contra Estados Unidos

Cuba ha introducido epidemias fitosanitarias en los Estados Unidos

Las epidemias para dañar la Agricultura han utilizado enfermedades como el Citrus Canker, la Primavera y el caracol gigante africano,(Nombre científico) Achatina fulica jamás visto antes en el continente americano solo conocido en Hawái introducido por Japón antes del ataque a Pearl Harbor, este caracol destruye la planta en la noche solo por contacto y regresa al subsuelo profundo antes del amanecer, siendo casi imposible detectarlo, estas acciones han creado pérdidas bi-millonarias en la Industria Cítrica en los Estados de Florida. Estos brotes casi imposibles de erradicar después de años han sido declarados endémicos.

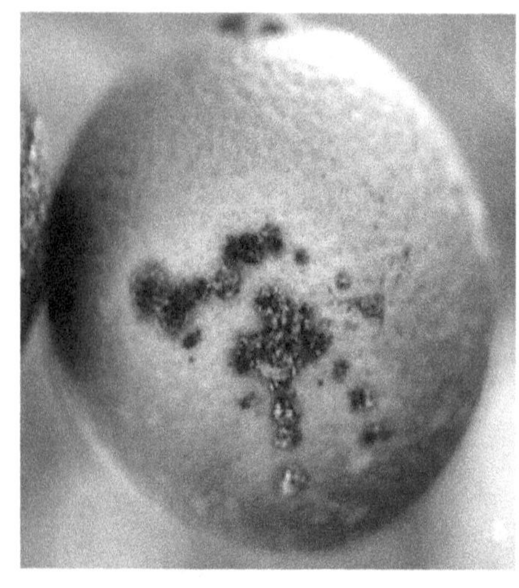

El virus "Citrus Canker" fue activado en Cuba por el Ingeniero Agrónomo José Matos del Instituto Tecnológico de Cítricos "Revolución de Octubre" en Bauta, provincia de La Habana, bajo los auspicios del Instituto de Salud Vegetal dirigido por el Dr. Heliodoro Martínez-Junco. Todos los anos aparecen nuevas enfermedades en los Cítricos de la Florida como muestra esta fotografía.

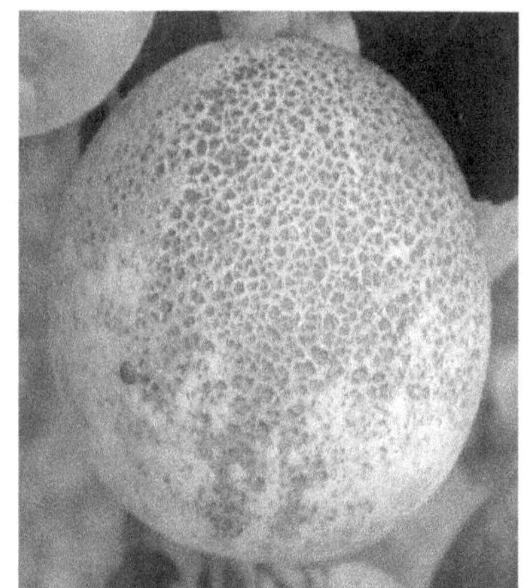

Este instituto hizo entregas a Estados Unidos utilizando como vectores o portadores las aves migratorias, una vez contaminadas con encefalitis, y otras enfermedades. Su director era también el Presidente de la Sociedad Colombófila y Guillermo García presidia por la Asamblea Nacional la Comisión de Flora y Fauna, la cual con la justificación de un estudio sobre la Aves Migratorias desde Estados Unidos y Canadá las cuales emigran anualmente en el invierno a Cuba, en su regreso al Norte eran infectadas con diferentes virus patógenos. Algunas aves continúan hacia el Sur y también han esparcido plagas en toda el área de América del Sur. El propósito subversivo de Rusia y Cuba es sembrar problemas y dificultades de todo tipo y en todos los países que puedan.

El Citrus Cáncer en comenzó en la Florida y avanza por todo el continente. Desde 1995 a la fecha ha tomado la mitad Sur del continente.

Las armas químicas y biológicas se producen en Cuba y los soviéticos almacenaron grandes cantidades en la provincia de Camagüey en un complejo de grandes proporciones donde también fueron escondidos algunos misiles R-12 dentro de los túneles, los cuales por la contaminación han muerto muchos militares por la contaminación radioactiva, entre ellos el Coronel Desiderio Melendrez de Cascorro, Camagüey y muchas compuertas se han tapiado. Es conocido que la industria Biotecnológica en Cuba ha sido toda una fachada para producir armas de exterminio masivo.

La gran fábrica de productos abonos químicos de Cienfuegos comprada en Inglaterra fue cancelado el contrato al descubrirse de parte de los ingleses que el objetivo de la fábrica, no eran los fertilizantes sino que los soviéticos tenían interés en copiar la tecnología y producir en Cuba, elementos químicos para la producción de explosivos binarios, prohibidos y perseguidos por el Consejo de Seguridad de la ONU en la época de Leonid Brehznev.

La planta "Quimonor" en La Paloma, en Matanzas produce gases tóxicos para uso militar y en la Planta de Reparaciones de Tropas Blindadas en Wajay, La Habana se diseñaron y ensamblan los camiones "Elefantes" para diseminar por control remoto los gases tóxicos en los campos de batalla, algunos de estos camiones fueron capturados en las tropas de Saddam Hussein durante la última guerra de Estados Unidos contra Irak.

Testimonios

Archivos del Autor

Documental "Red Alert" de Dr. Ed Palmer, Dr. Ken Alibek y Dr. Ed Prida.

Inspector del Departamento de Agricultura del Programa de Erradicación del Citrus Canker del Estado de la Florida desde 1998 hasta 2005 El # 1460 en las Bases de OpaLocka, Plantation, Port Saint Lucy y West Palm Beach.

FIN

Gracias por leerlo Ed y Edward Prida